DANS LA MÊME COLLECTION

QU'EST-CE QU'UNE CIVILISATION ?

COMITÉ ÉDITORIAL

CHEMINS PHILOSOPHIQUES

Collection dirigée par Roger POUIVET

Alain CAMBIER

QU'EST-CE QU'UNE CIVILISATION ?

Paris
LIBRAIRIE PHILOSOPHIQUE J. VRIN
6, place de la Sorbonne, V^e
2012

© *Librairie Philosophique J. VRIN*, 2012

Imprimé en France
ISSN 1762-7184
ISBN 978-2-7116-2440-9

www.vrin.fr

QU'EST-CE QU'UNE CIVILISATION?

INTRODUCTION
CULTURE ET CIVILISATION

Vouloir distinguer les notions de culture et de civilisation peut sembler superflu dans la mesure où, dans l'usage, elles semblent synonymes. Elles désignent alors tout ce par quoi l'existence humaine s'élève au-dessus de l'animalité. Ce premier sens fondamental a été souligné par Freud: «J'entends par là tout ce en quoi la vie humaine s'est élevée au-dessus de ses conditions animales et en quoi elle se différencie de la vie des bêtes, et je dédaigne de séparer culture et civilisation»[1]. Culture et civilisation offriraient alors la même clef pour permettre le passage de *l'immanitas* à *l'humanitas*. Pourtant, ces notions ne sont pas interchangeables et leurs rapports sont bien plus problématiques. Si la culture apparaît bien comme la marque distinctive de l'homme, cette expérience universelle d'émancipation vis-à-vis de la nature et de la férocité animale ne s'accomplit effectivement qu'au travers de cultures différentes, qui correspondent à autant de manières d'être particulières par lesquelles des peuples concrétisent leur humanité. La notion de culture au sens large fait alors place à celle de culture au sens ethnologique. On

---

1. S. Freud, *L'Avenir d'une illusion*, Paris, P.U.F., 1995, p. 6.

parlera alors *des* cultures pour désigner ces ensembles d'habitudes ou de représentations mentales collectives constituant chacun, par rapport aux autres, un système original et se communiquant, par des moyens divers mais relativement invariables[1], à tous les membres d'une certaine population. Nous retrouvons ici la définition fondatrice qu'en donnera E.B. Tylor, dans *Primitive culture*, en 1871 : « Le mot *culture*, pris dans son sens ethnographique le plus étendu, désigne ce tout complexe comprenant les sciences, les croyances, les arts, la morale, les lois, les coutumes et les autres facultés et habitudes acquises par l'homme dans l'état social »[2]. Nous voyons poindre ce qui distingue la culture de la civilisation : la première désigne un système inertial ou un « état » quand la seconde renvoie à un « processus », comme l'indique son suffixe en *–tion*. Bien plus, la culture – au sens ethnologique– apparaît comme une réalité de fait et relève d'un jugement descriptif, alors que la civilisation prétend poursuivre un idéal et implique un jugement normatif. Ainsi, apparaît une tension entre les deux notions qui décline, à sa façon, le clivage entre le fait et la valeur, entre ce qui est et ce qui doit être. Pour clarifier ce qui est en jeu, il s'agit donc de retrouver en amont les origines du hiatus entre culture et civilisation. Or celui-ci trouve sa source au cœur même des ambiguïtés de la notion de culture qui présente trois acceptions différentes : d'abord celle de formation personnelle ou d'éducation du sujet humain (on parle, par exemple, d'un esprit cultivé); ensuite celle de condition universelle du genre humain destiné à s'émanciper

1. Cl. Lévi-Strauss répertoriait, au fondement de toute culture, trois systèmes d'échange : des biens, des signes et celui au sein des structures de la parenté : cf. *Anthropologie structurale I*, Paris, Plon, 1958, p. 326-327.

2. Edward B. Tylor, *La Civilisation primitive*, Reinwald, Paris, 1876-1878, p. 1.

de la nature; enfin l'acception ethnologique qui désigne un ensemble de modes de vie propres à une population particulière et qui se veut strictement descriptive.

Aux origines de deux notions voisines

En français, ce n'est qu'au milieu du XVIe siècle que l'usage du sens figuré de la notion de culture apparaît : « culture » appliqué à une faculté, à une capacité sert alors à désigner le fait de s'exercer pour la développer. Mais ce n'est qu'au XVIIIe siècle que « culture » au sens figuré fait son entrée officielle dans le *Dictionnaire de l'Académie* (édition de 1718), toujours suivi d'un complément d'objet : on parle alors de « culture des arts », ou des lettres, ou des sciences. Le mot fait partie de la langue des Lumières sans pour autant être très utilisé par les philosophes. Progressivement, le mot s'affranchit de ses compléments et finit par s'employer seul pour désigner la « formation » ou l'« éducation » de l'esprit. Puis, dans un mouvement inverse, la « culture » comme action d'instruire va se mettre à désigner une disposition : l'état de l'esprit cultivé par l'instruction, l'état de celui « qui a de la culture ». Cet usage est entériné, à la fin du siècle, par le *Dictionnaire de l'Académie* (édition de 1798) qui stigmatise « un esprit naturel et sans culture ». A cette époque, la notion de « culture » est toujours employée au singulier, en tant qu'elle désigne le propre de l'homme, au-delà de toute distinction de peuples ou de classes. La notion s'inscrit donc pleinement dans l'idéologie des Lumières et est associée aux idées de progrès, d'évolution, d'éducation, de raison. « Culture » est alors très proche d'un mot qui va connaître, dans le vocabulaire français du XVIIIe siècle, un succès plus grand encore : celui de « civilisation ». Les deux vocables appartiennent au même champ sémantique et connotent, au départ, les mêmes valeurs d'universalisme et de perfectibilité de l'être humain. Comme son homologue « culture » et pour les mêmes raisons, « civilisation » se présente comme un concept unitaire et ne s'employant qu'au singulier.

Dans leurs acceptions actuelles, les notions de culture et de civilisation sont donc apparues à peu près en même temps, au cours du XVIIIe siècle. Car si les mots *civil, civilité, civiliser* (« rendre civil », au sens juridique) étaient en usage auparavant, le substantif *civilisation* n'apparaît dans le *Dictionnaire universel* de Trévoux qu'en 1743 et dans une acception strictement juridique (faire relever une affaire du droit civil) qui n'avait rien à voir avec le sens actuel. Ce n'est qu'en 1771 que le même dictionnaire relève une acception nouvelle du mot, en se référant à Mirabeau et en le citant explicitement : « L'ami des hommes[1] a employé ce mot pour sociabilité. Voyez ce mot. La religion est sans contredit le premier et le plus utile frein de l'humanité; c'est le premier ressort de la civilisation. Elle nous prêche et nous rappelle sans cesse la confraternité, adoucit notre cœur ». Mirabeau est donc censé être le premier en France à avoir utilisé le terme de civilisation dans le sens non juridique[2] qui devait ensuite faire fortune. La notion a pu être adoptée d'autant plus rapidement

---

1. Il s'agit d'une référence au marquis de Mirabeau, père de l'orateur révolutionnaire et auteur de l'ouvrage intitulé *L'Ami des hommes ou Traité de la population*, écrit en 1756, publié en 1757. Sur cette origine, *cf.* E. Benveniste, *Civilisation, Contribution à l'histoire d'un mot* dans *Problèmes de linguistique générale* I, Tel-Gallimard, p. 336-345. Benveniste renvoie lui-même à l'étude de Lucien Febvre, *Civilisation. Le mot et l'idée*, Publications du Centre International de Synthèse, Paris, 1930, p. 1-55.

2. Déjà, l'adjectif « civilisé » avait perdu son sens strictement juridique, comme chez Montaigne : « Il avait, écrit-il à propos de Turnèbe, quelque façon externe qui pouvait n'estre pas civilisée à la courtisane » *Essais*, I, 1, chap. XXV, *Du Pédantisme*.

qu'elle réunissait enfin, sous un même vocable, plusieurs significations : adoucissement des mœurs, éducation des esprits, développement de la politesse, culture des arts et des sciences, essor du commerce et de l'industrie, acquisition des commodités matérielles et du luxe... Ainsi, ce mot de civilisation, qui désigne un processus, survient dans l'histoire des idées en même temps que l'acception moderne de progrès. Il renvoie au même champ lexical que *poli* et *policé* qui, même s'ils sont phonétiquement proches, présentent une étymologie très différente : pour l'un, le latin « *polire* », l'action de polir ; pour l'autre, les termes grecs de « *polis* » et de « *politeia* ». Civiliser reviendrait, pour les hommes comme pour les objets, à éliminer toutes les aspérités rugueuses, à refouler toute rudesse, à favoriser les contacts pour les rendre lisses et fluides. Comme si l'on usait d'un polissoir, il s'agit de transformer la grossièreté et la rusticité en civilité et en urbanité. Parce qu'à force de polir, on peut renvoyer la lumière, au sens figuré le verbe devient synonyme de briller, voire éclairer. Le verbe *policer* prend avantageusement le relais de « polir ». La « *police* » concerne l'administration des États : vivre dans un pays doté d'une *politeia*, c'est-à-dire d'une constitution, est censé être la marque même de ce qui s'oppose à la barbarie. Alors que « poli » ne renvoie encore qu'à des signes extérieurs de bienveillance, « policé » suppose des lois qui constatent les devoirs réciproques de la bienveillance commune et une puissance autorisée à maintenir leur exécution. L'usage de la notion de civilisation s'est donc établi par opposition à celles de barbarie, de sauvagerie, de férocité, etc. En 1795, on trouve chez L. Snetlage (*Nouveau Dictionnaire français contenant de nouvelles créations du peuple français*, Göttingue, 1795) : « Ce mot, qui ne fut en usage qu'en pratique pour dire qu'une cause criminelle est faite civile, est employé pour exprimer l'action de civiliser ou la tendance d'un peuple de polir ou plutôt de corriger ses mœurs et ses usages en portant dans la société civile une moralité lumineuse, active, aimante et abondante en bonnes œuvres »[1]. Mais l'émergence de l'usage nouveau de cette notion, l'ambivalence de ses acceptions possibles conduit aussi à une réflexion critique sur ses enjeux. Le même Mirabeau qui a introduit la notion émet des réserves sur sa portée, dans son manuscrit resté au stade de brouillon et intitulé *L'Ami des femmes ou Traité de la civilisation*, en 1768 : « Si je demandais à la plupart de quoi faites-vous consister la civilisation, on me répondrait, la civilisation d'un peuple est l'adoucissement de ses mœurs, l'urbanité, la politesse et les connaissances répandues de manière que les bienséances y soient observées et y tiennent lieu de lois de détail : tout cela ne représente que le masque de la vertu et non son visage, et la civilisation ne fait rien pour la société si elle ne luy donne le fonds et la forme de la vertu ; c'est du sein des sociétés adoucies par tous les ingrédients qu'on vient de citer qu'est née la corruption de l'humanité ». Mirabeau distinguait donc une vraie d'une fausse civilisation.

Il semble bien que le mot de *civilisation* inventé par Mirabeau ait été repris en anglais peu après, mais l'origine de la transcription demeure en partie obscure. Alors qu'en France, le mot civilisation se répand à la fois rapidement et largement, les Anglais utilisent plutôt le mot *refinement* et le titre de l'ouvrage (écrit vers 1755-1756) de l'écossais Ferguson – *Treatise on refinement* – sera traduit, en 1797 par Pierre Prevost, par *Traité de civilisation*. Mais cet ouvrage de

---

1. Cité par J. Starobinski, *Le Remède dans le mal*, chap. 1, Paris, Gallimard, 1989, p. 13.

Ferguson sera suivi par son *Essay on the History of Civil Society* – publié en 1767 – où l'on trouve alors explicitement le mot « *civilization* »[1]. La première mention imprimée de *civilization* serait donc de 1767, dix ans après que Mirabeau ait forgé le néologisme. On rencontre également à plusieurs reprises le néologisme dans l'ouvrage de John Millar intitulé *Observations concerning the distinction of ranks in society*, publié en 1771[2]. Le *New English Dictionary* se réfère aux entretiens de Boswell avec le docteur Johnson, en 1772, qui évoquent la réticence à enregistrer la notion de *civilization*, par rapport à celle de *civility*. Ce dictionnaire rappelle que celui d'Ast enregistre le mot en 1775. En 1776, dans ses *Recherches sur la nature et les causes de la richesse des nations*[3], Adam Smith recourt souvent à la notion de *civilization* : cet auteur avait passé près d'un an à Paris – entre la fin de 1765 et octobre 1766 –, en y fréquentant le cercle des physiocrates. Mais Adam Smith connaissait également Ferguson qui lui avait été recommandé par David Hume[4]. Ferguson lui-même publia, en 1792, un recueil de leçons où il fait la remarque suivante : « *The success of commercial art, divided into parts, requires a certain security of the person and property, to which we give*

---

1. *Cf.* A. Ferguson, *Essai sur l'histoire de la société civile*, Paris, P.U.F., 1992, p. 107.
2. L'ouvrage fut traduit en français sous le titre de *Observations sur les commencements de la société* (Amsterdam, 1773).
3. A. Smith, *Recherches sur la nature et les causes de la richesse des nations*, Paris, Flammarion, 1991.
4. David Hume révèle combien la civilisation était devenue un nouvel objet d'investigation philosophique dans une lettre à Adam Smith, datée du 12 avril 1759 : lettre citée par Dugald-Steward dans sa biographie d'Adam Smith publiée dans le recueil posthume, *Essays on Philosophical Subjects*, 1795, p. XLVI.

the name of civilization»[1]. L'expression «*to which we give the name of civilization*» est intéressante, mais imprécise. Ajoutons à cela le fait que les échanges entre intellectuels français et anglais étaient développés[2]. Toujours est-il que la notion a d'abord été entendue dans un sens normatif. Mais si, dans son sens général, la notion s'imposa rapidement en Angleterre, il n'en fut pas de même dans d'autres parties de cette même Europe : les Allemands auront à cœur, au contraire, d'insister au plus haut point sur l'ambiguïté de la notion de civilisation, déjà soulignée par Mirabeau lui-même. Chez les Français, cette ambiguïté a été contenue à l'intérieur de la notion elle-même. Ainsi, en 1827, Benjamin Constant soulignait de nouveau l'ambivalence de la notion de civilisation[3]. Mais les Allemands vont faire éclater la contradiction à l'extérieur de la notion, en l'opposant explicitement à celle de culture (*die Kultur*).

La concurrence entre les notions de culture et de civilisation

La réception des deux notions nouvellement entrées en usage ne s'est pas faite de la même façon des deux côtés du

---

1. A. Ferguson, *Principles of Moral and Political Science, being chiefly a Retrospect of Lectures delivered in the College of Edinburgh*, Edimbourg, 1792, I, p. 241, cité par E. Benveniste, *Civilisation, Contribution à l'histoire d'un mot, op. cit.*, p. 345.

2. Dans *De l'Italie dans ses rapports avec la liberté et la civilisation moderne* (1847), André-Louis Mazzini souligne : «Ce mot a été créé par la France, par l'esprit français du dernier siècle » (cité par L. Febvre, *Civilisation. Le mot et l'idée, op. cit.*).

3. B. Constant, *De la Religion*, Préface, Lausanne, Bibliothèque Romande, 1971, p. 24.

Rhin : Norbert Elias[1] a finement analysé comment les Allemands ont pris soin d'éviter tout amalgame. Au XVIIIe siècle, le prestige de la langue française et l'influence de la pensée des Lumières expliquent que la langue allemande ait transposé sans problème, avec le terme de *Kultur*, le sens figuré du mot français qui s'était imposé. Pourtant, *Kultur* va évoluer très rapidement dans un sens plus limitatif que son homologue français et va connaître un succès d'audience, alors qu'en français, le mot va céder la place à celui de civilisation. En Allemagne, le terme de civilisation est utilisé plus spécifiquement pour désigner les valeurs courtoises de l'aristocratie ; en revanche, la bourgeoisie intellectuelle va s'accaparer du terme de *Kultur* pour désigner des valeurs spirituelles censées être bien plus profondes que les comportements maniérés de la noblesse de cour. Ces derniers vont être jugés comme étant superficiels et dépourvus de sincérité. Contrairement à la situation française, bourgeoisie et aristocratie n'ont pas de liens étroits en Allemagne : cette distance sociale nourrit un ressentiment, en particulier chez bon nombre d'intellectuels de la seconde moitié du XVIIIe siècle. Tout ce qui relève de l'authentique et qui contribue à l'enrichissement spirituel est alors considéré comme relevant de la culture ; au contraire, ce qui n'est qu'apparence brillante, légèreté, raffinement de surface, renvoie à la civilisation. Celle-ci apparaît comme l'apanage de princes gouvernant les différents États allemands et s'efforçant d'imiter de manière caricaturale les manières « civilisées » de la cour de France. Ainsi émerge une antithèse entre la culture et la civilisation qui

---

1. *Cf.* N. Elias, *La civilisation des mœurs*, Paris, Presses Pocket, 1973, p. 12 : « On note surtout une grande différence entre l'usage que font de ce mot les Anglais et les Français d'une part, les Allemands de l'autre ».

traduit une opposition sociale entre l'*intelligentsia* bourgeoise allemande et la noblesse de cour, pour prendre ensuite l'ampleur d'une opposition nationale entre l'Allemagne et la France. De l'autre côté du Rhin, l'unité politique n'étant pas réalisée, l'*intelligentsia* qui se fait une haute idée de sa mission nationale va rechercher cette unité du côté de la culture, en réhabilitant l'usage de la langue allemande.

Au lendemain de la Révolution française, le terme de civilisation va perdre, chez nos voisins d'outre-Rhin, sa connotation aristocratique allemande et évoquer plus globalement la France et, d'une manière plus large, les puissances occidentales. De la même façon, la «culture» qui était la marque distinctive de la bourgeoisie intellectuelle allemande, va peu à peu être convertie en marque distinctive de la nation allemande toute entière. La culture s'affirme alors sous un angle particulariste qui vient s'opposer à la prétention universaliste de la notion française de civilisation. Déjà, en 1774, Johann Gottfried Herder[1] prenait fait et cause, au nom du «génie national» de chaque peuple (*Volksgeist*), pour la diversité des cultures contre l'universalisme abstrait des Lumières : il se faisait ainsi le précurseur du concept relativiste de culture. Pour Herder, chaque peuple, à travers sa culture propre, a un destin spécifique à accomplir. Mais, c'est surtout après la défaite d'Iena, en 1806, et l'occupation des troupes napoléoniennes, que la conscience allemande va connaître un renouveau du nationalisme qui va s'exprimer par une accentuation de la conception particulariste de la culture allemande : la nation culturelle précède et appelle la nation politique. Les auteurs romantiques allemands vont de plus en plus opposer la culture, expression de l'âme profonde d'un peuple, à la

---

1. *Cf.* Herder, *Une Autre philosophie de l'histoire*, Paris, Aubier, 1964.

civilisation définie désormais par le progrès matériel lié au développement économique et technique. Pour certains, l'hiatus entre culture et civilisation va se muer en un virulent antagonisme, voire en une antinomie. Cette exaspération du problème culmine, plus tard, dans un texte de Thomas Mann daté de 1914 : « Civilisation, c'est raison, Lumières, adoucissement, affinement, scepticisme, dissolution – esprit. Oui, l'esprit est civil, bourgeois. Il est antidémonique, antihéroïque et ce n'est qu'en apparence une absurdité quand on dit qu'il est antigénial *[...]* L'âme allemande est trop profonde pour que la civilisation puisse lui apparaître comme une notion élevée, voire comme l'idée suprême »[1].

L'Allemagne a donc donné sa dimension particulariste à la notion de culture, alors qu'en France, entre le XVIIIe et le XIXe siècle, le dogme universaliste perdure. La Révolution est censée avoir été elle-même missionnée pour donner corps à cette conception universaliste de la culture qui conduit alors tout naturellement à l'assimiler au processus de civilisation. En revanche, admettre le particularisme a favorisé une approche strictement descriptive des cultures et rendu possible leur étude scientifique. Ainsi, l'émergence de l'ethnologie correspond à l'élaboration d'une théorie scientifique de la culture qui requiert une exigence de neutralité axiologique. En revanche, la dénégation de l'altérité et de la pluralité fut lourde de conséquences en France. Jusqu'au début du XXe siècle, dans les sciences sociales, les chercheurs français se sont conformés à l'usage linguistique dominant qui ne recourait

---

1. Texte de Thomas Mann publié dans la *Neue Rundschau* berlinoise en novembre 1914, sous le titre « Pensées en guerre » (*Gedanken im Kriege*), et repris dans l'ouvrage de Thomas Mann, *Friedrich und die große Koalition*, Berlin, S. Fischer, 1915.

jamais à la notion de culture prise sous un angle descriptif et privilégiait celle de « civilisation » pour des raisons idéologiques. Il est clair que cette tradition a joué le rôle d'un véritable obstacle épistémologique. En réalité, le concept de culture, dans son acception ethnologique, ne put s'imposer que lorsque le concept de civilisation fut lui-même soumis à un travail critique de neutralisation axiologique[1]. L'entreprise de fondation de l'ethnologie en France est surtout à mettre au crédit de Marcel Mauss qui s'efforça de vider la notion de civilisation de ses connotations normatives, en l'abordant selon une approche relativiste et pluraliste : « Ce ne sont pas seulement les éléments des civilisations, ce sont aussi les civilisations elles-mêmes qui ont leurs individualités, leurs formes arrêtées, et s'opposent entre elles [...] On peut proposer la définition suivante d'*une civilisation : c'est un ensemble suffisamment grand de phénomènes de civilisation, suffisamment nombreux, eux-mêmes suffisamment importants tant par leur masse que par leur qualité ; c'est aussi un ensemble assez vaste par le nombre, de sociétés qui les présentent ; autrement dit : un ensemble suffisamment caractéristique pour qu'il puisse signifier, évoquer à l'esprit une famille de sociétés* »[2]. Avec Mauss, la civilisation renvoie à une similitude de traits communs à des sociétés différentes qui ne relèvent pas

1. C'est en France que naquit la sociologie comme discipline scientifique, mais paradoxalement cette antériorité provoqua un retard dans la fondation de l'ethnologie française. La façon dont les titres des œuvres étrangères sur la culture furent traduits en France apparaît extrêmement symptomatique : l'ouvrage de Tylor, *Primitive culture*, traduit par *La Civilisation première* ; l'ouvrage de R. Benedict, *Patterns of culture*, traduit sous le titre très contestable de *Echantillons de civilisation* ; même l'ouvrage de S. Freud, *Das Unbehagen in der Kultur*, d'abord traduit par *Malaise dans la civilisation*.

2. M. Mauss, *Les civilisations : éléments et formes* dans *Essais de sociologie*, Paris, Minuit, p. 237.

cependant d'une essence dont ils seraient les indices, mais d'un « air de famille » dont il s'agit de prendre acte : nous sommes résolument passés du normatif au descriptif. Il reste cependant à expliquer plus fondamentalement les rapports entre culture et civilisation. L'accent mis sur l'acception particulariste de la notion de culture a le mérite d'induire la reconnaissance de la diversité culturelle, mais conduit, en contre-partie, à un relativisme qui implique de renoncer à toute conception normativiste universelle. L'histoire de civilisation, comme celle de *Kultur*, manifeste deux tendances qui s'opposent, au moins en apparence : l'une consiste à considérer la civilisation comme un idéal humain ; l'autre à attribuer une certaine civilisation à des groupements humains déterminés. Ces deux approches sont-elles inconciliables ? Si de fait les civilisations se conjuguent au pluriel, la référence à *la* civilisation est-elle illégitime ? Une civilisation présente-t-elle nécessairement une particularité irréductible ou la civilisation humaine est-elle une ?

CHAPITRE PREMIER

QU'EST-CE QU'ÊTRE CIVILISÉ ?

L'appartenance à une civilisation est une caractéristique fondamentale de l'homme, en tant qu'il fait partie d'un monde et non plus seulement de la nature. Etre civilisé signifie d'abord être passé de la nature à la culture, avoir surmonté le stade de l'animalité brute qui taraude l'être humain, en raison de ses origines naturelles. Certes, l'homme n'est pas un animal comme un autre, au sens où il ne dispose pas d'instincts spécifiques et, chez lui, même les instincts génériques restent marqués par une indétermination. En ce sens, il est censé posséder des pulsions, mais non des instincts précis. Ces pulsions dénotent en lui la présence d'un élan vital qui anime tous les êtres vivants naturels, mais les objets de satisfaction recherchés demeurent, pour lui, contingents. C'est pourquoi, il n'est pas possible d'attribuer à l'homme un quelconque instinct grégaire ou instinct de sociabilité comme pour certains animaux : il se caractérise plutôt par son « insociable sociabilité »[1]. Celle-ci est la rançon de sa liberté qui s'enracine dans le fait initial que la nature n'a pas tout déterminé en lui. De la

1. *Cf.* Kant, *Idée d'une histoire universelle au point de vue cosmopolitique*, 4e proposition, Paris, Bordas, 1988.

même façon, en tant qu'être conscient, l'homme n'éprouve pas seulement des besoins naturels, mais surtout des désirs qui trouvent leur centre de gravité dans la représentation mentale. Celle-ci a pour effet d'introduire une plasticité dans les formes d'expression de son élan vital, et en même temps, convertit la puissance des pulsions en multiplication de désirs. Aussi, tout homme apparaît comme un *animal educandum*, destiné à être éduqué, et tributaire d'autres hommes qui eux-mêmes ont été obligés d'être formés.

L'introversion du sacrifice

Si l'existence de l'homme est tributaire d'une formation – que les Allemands appellent *Bildung* –, celle-ci ne se réduit pas à l'instruction, mais se présente comme une entreprise éthique qui consiste à « élever » l'homme à la fois au-dessus de la nature et au-dessus de sa nature : ce que Kant appelle la discipline [1]. Car le problème est double : d'une part, il s'agit de se démarquer du comportement simplement animal qui vient sourdre en lui, mais aussi de discipliner cette marge d'indétermination qui se traduit d'abord par l'illimitation des désirs et réduit alors la liberté à n'être l'expression que d'une licence capricieuse. Cette exigence est une constante de toute l'humanité et nous la trouvons déjà exprimée à la fin du mythe de Prométhée et d'Epiméthée [2] : pour vivre ensemble, les hommes doivent nécessairement acquérir le sens de la tenue et de la retenue. Hermès est censé avoir fait découvrir aux hommes la vertu de l'*Aidôs*, c'est-à-dire le sens de la noble réserve qui deviendra la *verecundia* en latin, vertu sociale par excellence, à l'origine de la vergogne qui peut être définie

---

1. Kant, *Réflexions sur l'éducation*, Paris, Vrin, 2004, p. 98-99.
2. *Cf.* Platon, *Protagoras* 321d-322e

comme un dispositif émotionnel acquis anticipant sur l'effroi du déshonneur, afin de mieux nous en préserver. Etre civilisé ne consiste donc pas seulement à relever d'une culture, mais à avoir intériorisé l'exigence même de pudeur et de contrôle de soi. Norbert Elias a souligné également cette entreprise éthique : « C'est là un des traits caractéristiques de la modification de l'appareil psychique par la civilisation que la régulation plus différenciée et plus prévisible du comportement de l'individu lui est inculquée dès sa plus tendre enfance et qu'elle devient une sorte d'automatisme, d'"autocontrainte", dont il ne peut se défaire même s'il en formule dans sa conscience le vœu » [1]. Mais l'originalité de cette thèse se trouve certainement exprimée de la manière la plus ramassée et la plus pertinente par Adorno et Horkheimer : « L'histoire de la civilisation est l'histoire de l'introversion du sacrifice » [2]. Ils pointent ici l'expérience cruciale qui fait d'un homme un être civilisé. C'est que tout passage de l'immédiateté naturelle à la civilisation passe par la violence sacrificielle. Le sacrifice apparaît comme une violence ritualisée qui est censée mettre fin à la violence anarchique de l'état de nature. La sacrifice est le moyen spécifique d'accéder au sacré, de postuler une transcendance : il indique qu'il y a quelque chose qui est mis à part, séparé, quelque chose à respecter. Comme l'a souligné, René Girard, à propos du bouc émissaire ou de la victime expiatoire, le sacrifice est une violence cultuelle et culturelle censée mettre fin à la violence générée par la rivalité du désir mimétique [3] : il correspond à un usage homéopathique de la

---

1. N. Elias, *La Dynamique de l'Occident*, Paris, Presses-Pocket, 1990, p. 185.

2. Theodor Adorno et Max Horkheimer, *La Dialectique de la raison*, Paris, Gallimard, 1974, p. 68.

3. R. Girard, *La violence et le sacré*, Paris, Grasset, 1972.

violence, censé assurer la cohésion de la communauté réaffirmée à l'occasion des rituels religieux. Aussi, le sacrifice ne peut avoir de valeur que dans la mesure où l'on renonce à ce qui est le plus précieux : le frère, le fils, la jeune fille vierge, etc. Mais la véritable signification de la logique sacrificielle n'est finalement pas de sacrifier quelqu'un d'autre que soi – fût-ce un autre être humain ou un animal consacré –, mais de sacrifier une partie de soi-même : une part de ses propres pulsions ou désirs. Telle serait la signification du sacrifice interrompu d'Isaac par son père Abraham : cet épisode biblique est censé sonner la fin des sacrifices humains. L'introversion du sacrifice serait la marque même de la civilisation : elle témoignerait de la capacité à renoncer au principe du plaisir immédiat, à savoir différer la satisfaction de ses pulsions, à faire l'expérience de la médiation, pour pouvoir vivre au milieu des autres. Le personnage d'Ulysse est, sur ce point, emblématique : c'est l'histoire d'un roi mythique qui apprend tout simplement à devenir un homme, c'est-à-dire à s'imposer la maîtrise de soi, l'*enkrateia*. C'est aussi le passage de la légende à l'histoire. Poursuivi par la colère de Poseidon parce qu'il n'a pas procédé aux offrandes nécessaires, il apprend peu à peu à renoncer au principe du plaisir, à différer ses désirs, pour élaborer son identité sur un plan supérieur. Le chant des Sirènes représente ce principe du plaisir vis-à-vis duquel il lui faut résister, tout comme Circé la magicienne symbolise l'animalité qu'il lui faut dominer. Il fait l'expérience du « travail du négatif » puisqu'il va jusqu'à renoncer – lui le roi d'Ithaque – à son propre nom et à se faire appeler « personne » – *Oudeis* – pour échapper aux cyclopes qui n'ont rien de « bons mangeurs de pain » et incarnent la barbarie. Il sauve sa vie en se faisant disparaître, en reniant son nom de roi d'Ithaque : il doit se perdre pour se retrouver. Ulysse apprend lui-même à se confronter à la mort, en pays cimmérien, et le devin Tirésias lui indique comment passer de son identité-*idem* – c'est-à-dire son identité donnée au départ, tant psycho-physique que sociale – à son identité-*ipse*[1] – c'est-à-dire son identité acquise et conquise au prix d'une élévation éthique : « Vous pourrez néanmoins, malgré tous vos maux, aboutir, si tu restes ton maître »[2]. Auprès des Phéaciens qui symbolisent le raffinement de la civilisation, il trouve le réconfort et l'assistance nécessaire pour accomplir son voyage initiatique qui n'est autre qu'un voyage intérieur. L'idéal de toute éduca-tion est celle du « *magister* intériorisé » : l'homme a besoin d'un maître pour devenir son propre maître. L'humain a besoin d'être institué dans l'homme : *l'institutio* est alors le beau nom que prend le travail de l'éducation. L'accomplissement d'Ulysse s'achève lorsqu'il arrive à faire reconnaître son identité transformée et sublimée. Car l'enjeu de la lutte pour la reconnaissance qui taraude toute existence sociale humaine n'est autre que cette identité supérieure réfléchie qui ne peut se réduire aux traits naturels.

L'apprentissage de l'obligation

Tout processus de civilisation implique d'abord le recours à une certaine cruauté[3]. Ce travail de « dressage », Nietzsche l'a appelé « la moralité des mœurs » : « La moralité n'est pas autre chose que l'obéissance aux mœurs, quel que soit le genre de celles-ci ; or les mœurs, c'est la façon *traditionnelle* d'agir

1. Le clivage entre identité-*idem* et identité-*ipse* est repris de Paul Ricœur, dans *Soi-même comme un autre*, Paris, Le Seuil, 1990.
2. Homère, *L'Odyssée*, Chant XI, Paris, La Découverte, 1992, p. 181
3. « Domestiquer le fauve "humain", pour en faire, par l'élevage, un animal apprivoisé et civilisé » Nietzsche, *Généalogie de la morale*, I, § 11, Paris, Nathan, 1981, p. 100.

et d'évaluer. Là où la tradition ne commande pas, il n'y a pas de moralité; et moins l'existence est déterminée par la tradition, moins est grand le cercle de la moralité »[1]. Nietzsche précise peu après : « Chez les peuples sauvages il y a une catégorie de mœurs, de coutumes qui semblent viser à représenter la coutume pour elle-même : ce sont des ordonnances pénibles et, au fond, superflues *[...]* mais ces ordonnances maintiennent sans cesse dans la conscience la présence constante de la coutume, la contrainte ininterrompue de lui obéir : ceci pour renforcer le grand principe par quoi la civilisation commence : toute coutume vaut mieux que l'absence de coutumes »[2]. L'autorité de la tradition instille le sentiment d'une dépendance vis-à-vis d'une intelligence supérieure qui ordonne, d'une puissance incompréhensible et indéfinie, de quelque chose qui est plus que personnel et inspire le sentiment du sacré. Tradition, religion et autorité s'articulent ensemble pour fonder l'ordre social humain. La notion de religion vient à la fois des verbes latins *religare* (relier les hommes entre eux par le biais de puissances transcendantes) et *relegere* (relire, revenir sur, être soucieux et scrupuleux) : l'étymologie indique ici que la religion a constitué le premier moyen de structuration de l'espace social humain et que sa première fonction à la fois cultuelle et culturelle a été de fonder les interdits. Mais comme l'a souligné Durkheim[3], c'est avant tout la puissance du tout social qui se fait entendre dans ce sentiment du sacré et qui inculque le sens des obligations. La société humaine est une machine à fabriquer des dieux. Ainsi, l'interdit joue le rôle de machine sacrificielle, puisqu'il vise à

1. F. Nietzsche, *Aurore*, I, 9, dans *Œuvres*, Paris, Laffont, 1993, p. 975.

2. F. Nietzsche, *Aurore*, I, 16, p. 980-981.

3. E. Durkheim, *Les Formes élémentaires de la vie religieuse*, Paris, P.U.F., 1990.

empêcher certaines conduites incontrôlées. L'interdit est la marque spécifique du passage de la nature à la culture : il met fin à la licence. Les interdits fondamentaux portent sur l'attitude vis-à-vis de la mort et sur celle vis-à-vis de la sexualité : ainsi en est-il du respect dû aux défunts et de la prohibition de l'inceste que l'on retrouve dans toutes les cultures. Mais ces interdits peuvent aussi se présenter d'une manière beaucoup plus arbitraires et porter sur des gestes mineurs : l'important, somme toute, est d'intégrer l'idée qu'aucune existence humaine ne peut s'en passer. Si, comme tout être naturel, l'être humain cherche à affirmer son vouloir-vivre, il ne peut pourtant se contenter de rechercher spontanément « plus de vie », mais doit prendre conscience qu'une existence humaine requiert « plus que la vie » : tel est le clivage sur lequel Simmel fait reposer la condition humaine (entre *Mehr-Leben* et *Mehr-als-Leben*[1]). Si la vie naturelle cherche spontanément à s'affirmer dans sa profusion, l'homme est celui qui s'arrache à cette vie immédiate pour se construire culturellement, en s'y opposant. L'humanité n'émerge du magma informe de l'état de nature qu'au couteau : tel est le sens premier des liturgies de la circoncision comme illustration du principe de différenciation[2]. La reproduction de l'humanité s'effectue au prix du sacrifice et de la douleur. La culture opère le déni du corps naturel et impose le passage du corps stupide au corps symbolique, par toute une série de marquages physiques et

---

1. *Cf.* G. Simmel, *Lebensanschauung* (*La Transcendance de la vie*) chap. 1, dans *Georg Simmel Gesamtaussgabe*, Francfort-sur-le-Main, Suhrkamp, 1989, 16, p. 232.

2. « Nous naissons immergés dans l'indifférenciation, les humains affrontent le magma. Le travail institutionnel consiste, par ses moyens propres, à produire les possibilités d'identification » Pierre Legendre, *L'Inestimable objet de la transmission*, Paris, Fayard, 1985, p. 169.

psychologiques. Mais ce passage est aussi d'ordre moral et vise à intérioriser l'idée d'obligation : celle-ci est d'abord l'établissement d'un lien à la fois juridique et éthique, d'un *nexum* synallagmatique qui a d'abord mis en jeu le corps propre, avant qu'avec le développement du commerce et de la dissolution des formes collectives de propriété, il se soit mis à porter sur d'autres biens. Le *nexum* est le principe actif de l'*ob-ligatio*. *Ob-ligare* signifie d'abord engager des liens et respecter cet engagement. Cet acte conditionne l'obligeance comme bienveillance et prévenance. Le lien d'obligation est source du devoir et est constitutif de l'homme comme « être en dette ». La métaphore première du lien trouve une expression historique archaïque dans le système du droit romain : l'obligation fut d'abord un droit immédiat du créancier sur le corps du débiteur ; en même temps, elle est emblématique de l'élaboration de la dépendance sociale. Dans l'ancien droit romain, *nexum* désigne à la fois l'acte par lequel un individu engage sa propre personne en garantie d'une promesse et l'état d'assujettissement dans lequel il se trouve placé s'il n'honore pas celle-ci. Il s'agit bien de faire une mémoire au fauve : « C'est là que l'on promet, c'est là qu'il s'agit de faire une mémoire à celui qui promet, c'est là encore, on peut le soupçonner, que la dureté, la cruauté, la violence trouveront libre carrière »[1]. Mais il s'agit non pas de se contenter de forger une mémoire du passé, mais au contraire de se doter d'une « mémoire du futur ». Le processus de civilisation consiste à la fois dans l'approfondissement et le dépassement de cette cruauté propre à la culture, à la « moralité des mœurs ». A la simple domestication des désirs, Nietzsche oppose leur spiritualisation afin d'accéder à une humanité de grand style. « Plaçons-nous par

---

1. Nietzsche, *La Généalogie de la morale*, *op. cit.*, II, 5, p. 118.

contre au bout de l'énorme processus, à l'endroit où l'arbre mûrit enfin ses fruits, où la société et sa moralité des mœurs présentent enfin au jour ce pour quoi elles n'étaient que moyens : et nous trouverons que le fruit mûr de l'arbre est *[…]* l'homme qui peut promettre » : la violence sacrificielle est ici retournée vers soi-même pour permettre à l'homme de se dépasser. Cette transcendance comme acte de se surmonter soi-même (*die Selbstüberwindung*) est l'expression même de la volonté de puissance propre à l'homme qui le rend capable de vivre non dans la complaisance, mais dans l'exigence de sculpter sa vie.

De la civilité à la citoyenneté

Les transformations radicales des conduites qui ont marqué les hommes d'Occident entre les XIIe et le XVIIIe siècles constituent, pour Norbert Elias, une sorte d'hypotypose du procès de civilisation[1]. Du point de vue de la sociologie, le problème fondamental que Norbert Elias aborde est de montrer comment la reproduction des rapports sociaux humains implique un équilibre mobile des tensions au sein des interdépendances qui se nouent entre les individus. L'individu humain ne peut être considéré comme une sorte d'empire dans un empire, comme une sorte d'individu en soi (*Individuum an sich*) ou de personne absolue, dans la mesure où il est toujours déjà partie prenante de réseaux de dépendances réciproques[2]. Ces interrelations peuvent prendre des formes variables et déterminent ainsi des configurations métastables, puisqu'elles

---

1. *Uber den Prozess der Zivilisation* de Norbert Elias a été traduit et publié en français en deux ouvrages séparés : *La Civilisation des mœurs*, Paris, Calmann-Levy, 1973, et *La Dynamique de l'Occident*, *op. cit.*

2. N. Elias, *La Société de cour*, Paris, Champ Flammarion, 1985, p. 152-153.

cristallisent en même temps l'insociable sociabilité de l'homme : la reproduction des rapports sociaux humains relève donc d'un compromis entre tensions antagonistes. Quand un équilibre de forces opposées est rompu, la configuration est remise en question et vouée à être remplacée par une nouvelle figure des interdépendances. La civilisation s'inscrit dans cette dynamique constituée par de telles ruptures et reconfigurations des interdépendances sociales. Norbert Elias discerne deux tournants essentiels dans ce processus en Occident : une première époque s'articule sur l'apparition des grandes cours féodales au XIIᵉ siècle, et une seconde au XVIIᵉ siècle, avec l'émergence de rois devenus souverains absolus aux dépens de leurs concurrents féodaux. L'éloge de la courtoisie, la mise en avant de l'amour courtois par les troubadours a constitué une première étape dans le raffinement des conduites fondé sur un respect plus aigu de conventions plus contraignantes et sur l'euphémisation de la brutalité dans les rapports humains, notamment entre hommes et femmes. La deuxième étape a fait passer du souci de la courtoisie à l'exigence de la civilité et de l'étiquette sociale : « Par l'étiquette, la société de cour procède à son autoreprésentation, chacun se distinguant de l'autre, tous ensemble se distinguant des personnes étrangères au groupe, chacun et tous ensemble s'administrant la preuve de la valeur absolue de leur existence »[1]. C'est d'abord dans un contexte de rapports de concurrence équilibrée entre la noblesse d'épée et une noblesse de robe de plus en plus présente que le roi a pu se présenter comme un tiers pacificateur, en se tenant en apparence à égale distance des uns et des autres. La différenciation des fonctions sociales a renforcé la montée d'une bourgeoisie

---

1. N. Elias, *La Société de cour*, *op. cit.*, p. 97.

d'offices et d'administration, rivalisant avec le pouvoir plus traditionnel de l'aristocratie foncière et militaire. Comme le monarque prétendant à la souveraineté absolue devait faire face aux prétentions nobiliaires traditionnelles, il ne pouvait lui-même que favoriser l'essor de cette noblesse de robe à qui étaient réservées les charges de justice et de finances. Mais en même temps, le roi devait veiller à ce que l'aristocratie puisse jouer encore son rôle de contrepoids à la puissance officière : la cour se révéla donc une institution essentielle pour permettre au roi de contrôler ses rivaux potentiels. La curialisation et l'urbanisation ont eu pour effet de transformer profondément le comportement de la noblesse : le chevalier belliqueux et rustique y est devenu le courtisan urbain et maniéré.

En Occident, entre les XIIᵉ et XVIIIᵉ siècles, les mœurs vont se transformer profondément en raison, d'une part, de l'émergence de l'État moderne qui, s'appropriant le monopole de la violence légitime, pacifie l'espace social, et d'autre part, de la densification des relations interindividuelles qui oblige à un contrôle beaucoup plus strict des réactions affectives. Le développement de la division du travail et la profonde différenciation des fonctions qui en résulte ont eu pour effet concomitant de multiplier les interdépendances sociales qui rendent nécessaires l'autocontrôle individuel caractéristique de l'homme occidental à l'âge moderne. Ce « moment » qui s'étend du XIIᵉ siècle au XVIIIᵉ siècle apparaît particulièrement emblématique de tout processus de civilisation qui passe de la contrainte sociale externe à l'autocontrainte réfléchie. L'exigence de l'autocontrôle psychique (*Selbstkontrollapparatur*) devient condition de stabilité et s'impose de manière universelle : « La stabilité particulière des mécanismes d'autocontrainte psychique qui constitue le trait typique de l'*habitus* de l'homme "civilisé" est étroitement liée à la monopolisation de la contrainte physique et à la solidité croissante des organes sociaux » [1]. Le processus de civilisation consiste bien dans l'intériorisation des interdits qui, auparavant, étaient imposés de l'extérieur sur les pulsions et les émotions et donc se cristallise dans le passage de la contrainte sociale (*Gesellschaftliche Zwang*) à l'autocontrainte (*Selbstzwang*). Dans le contexte de l'édification de l'État, l'individu peut se sentir en sécurité vis-à-vis des atteintes violentes à son intégrité physique, mais il est réciproquement obligé de refouler ses propres passions, ses pulsions agressives qui le poussent à se conduire de manière violente vis-à-vis de ses semblables : « Dans la mesure où s'amplifie le réseau d'interdépendances dans lequel la division des fonctions engage les individus ; où il s'étend à de nouveaux espaces humains, qui se fondent, par les effets de l'interdépendance, en une unité fonctionnelle ou institutionnelle, l'homme incapable de réprimer ses impulsions et passions spontanées compromet son existence sociale ; l'homme qui sait dominer ses émotions bénéficie au contraire d'avantages sociaux évidents, et chacun est amené à réfléchir, avant d'agir, aux conséquences de ses actes *[…]* Il s'agit donc bien d'une transformation du comportement dans le sens de la "civilisation" » [2]. Mais ce que cette théâtralisation des conduites peut avoir de superficiel va être remis en question avec la montée de la classe bourgeoise qui se trouvait exclue du partage du pouvoir. Le dispositif de la curialisation s'était lui-même figé après Louis XIV et, en se sclérosant, s'était lui-même rendu incapable de s'ouvrir à de nouveaux partenaires sociaux. Avec la Révolution s'instaure une configuration sociale inédite qui poursuit les objectifs de

---

1. N. Elias, *La Dynamique de l'Occident*, *op. cit.*, p. 188.
2. *Ibid.*, p. 189.

civilisation de l'ancienne, mais en la renouvelant et en l'élargissant. Il ne s'agit pas simplement d'un changement dans l'identité des dominants, mais d'une transformation profonde dans la façon de concevoir les chaînes d'inter-dépendance de tous les individus de la société. Cette interdé-pendance prend un sens directement politique qui entérine le triomphe du rôle de l'État : les exigences de la citoyenneté succèdent au simple souci de la courtoisie et de la civilité. Car le citoyen est celui qui a clairement pris conscience que sa liberté est proportionnelle à ses obligations : en un mot, il a intériorisé le sens des droits et des devoirs. Il n'y a plus d'un côté le temps de la licence et, de l'autre, celui du sacrifice comme il n'y a plus d'un côté la position du maître et de l'autre celle du serviteur, mais un seul statut civique s'impose qui articule ensemble devoirs et droits : l'individu se considère tout à la fois sujet et souverain. Comme le souligne Hegel, à propos de l'État moderne : « Dans l'État, le devoir et le droit se trouvent dans un seul et même rapport »[1]. La citoyenneté apparaît donc comme l'accomplissement ultime du processus de civilisation comme passage de la contrainte externe à l'autocontrainte interne. Le droit positif supplante ici la religion comme liant social et, parce qu'il se veut le garant de la loi civile, l'État moderne peut se présenter comme la configuration la plus rationnelle du pouvoir politique. La loi qui détermine ce qui est permis et défendu peut donc être interprétée comme la démythologisation de l'interdit, mais cette rationalisation ne trouve sa légitimité effective que dans la mesure où elle exprime une exigence d'*auto-nomie* de la part des individus, qui se présente comme la forme la plus

---

1. Hegel, *Principes de la philosophie du droit*, § 261, Paris, Vrin, 1988, p. 265.

Chapitre II

CIVILISATION ET PROGRÈS

Parce qu'il naît inachevé, l'homme n'est d'abord qu'un candidat à l'humanité; mais ce qui peut apparaître comme un handicap est, en même temps, une chance. Le fait même d'être l'animal qui semble naturellement le plus démuni est aussi la condition de ses progrès ultérieurs[1]. L'homme est capable d'acquisitions et d'améliorer ce qu'il sait et ce qu'il est. Ce trait spécifique propre à l'homme s'appelle la perfectibilité, c'est-à-dire la capacité à se perfectionner. Cette perfectibilité se manifeste dans le processus même de formation (*Bildung*) qui correspond à l'éducation de chacun et cette expérience fondamentale, nul homme ne peut en être dispensé. Mais à partir de ce fait incontournable, une extrapolation a été opérée pour conduire au postulat d'un progrès global des sociétés humaines, voire de l'humanité toute entière. Un premier amalgame a pu être ainsi effectué entre l'historicité de l'homme et la croyance au progrès et il a lui-même conduit à un autre amalgame établissant une sorte d'équivalence

---

1. *Cf.* Fichte: « En un mot, tous les animaux sont achevés et parfaits, l'homme est seulement indiqué, esquissé » *Grundlage des Naturrechts* (*Fondement du droit naturel*) de 1796, *SW. III*, p. 79-80.

immédiate entre civilisation globale et progrès général. Pour les hommes du XVIIIe siècle, la notion de civilisation est devenue synonyme de « marche en avant », de progrès historique : celui-ci ne ferait qu'expliciter le suffixe en « *-tion* », censé renvoyer à un processus temporel de maturation physique, psychologique et intellectuelle.

Des cultures sans progrès

Si nous prenons le cas des sociétés sauvages, il appert que celles-ci peuvent témoigner d'une conscience incontestable de l'historicité humaine, sans pour autant que cette dernière conduise à l'idée de progrès. L'éveil à l'historicité primordiale de la condition humaine s'articule sur la conscience de la mort et évidemment les sociétés sauvages en faisaient elles-mêmes l'expérience : l'exemple des « *churinga* » étudiés par Lévi-Strauss montre que ces objets ovales en pierre ou en bois, souvent gravés de signes symboliques, représentaient le corps physique d'un ancêtre et étaient solennellement attribués, génération après génération, à un vivant censé entretenir un lien privilégié et intime avec le disparu[1]. On peut établir une analogie entre le rôle joué par ces *churinga* et nos documents d'archives que nous remettons à la garde secrète des notaires : « La vertu des archives est de nous mettre en contact avec la pure historicité »[2]. Les *churinga* comme les archives se caractérisent par leur « saveur diachronique ». Bien plus, Lévi-Strauss s'élève contre la maladresse à parler des sociétés sauvages comme de sociétés sans histoire : « La maladroite distinction entre les "peuples sans histoire" et les autres

---

1. *Cf.* Cl. Lévi-Strauss, *La Pensée sauvage*, chap. 8, Paris, Plon, 1962, p. 320.

2. Cl. Lévi-Strauss, *La Pensée sauvage*, *op. cit.*, p. 321.

pourrait être avantageusement remplacée par une distinction entre ce que nous appelions, pour les besoins de la cause, les sociétés "froides" et les sociétés "chaudes" : les unes cherchant, grâce aux institutions qu'elles se donnent, à annuler de façon quasi automatique l'effet que les facteurs historiques pourraient avoir sur leur équilibre et leur continuité ; les autres intériorisant résolument le devenir historique pour en faire le moteur de leur développement » [1]. Il serait stupide de refuser la dimension historique à l'Amérique précolombienne, sous prétexte qu'elle est restée coupée de l'Europe occidentale : tout suggère que l'ensemble du pourtour du Pacifique a connu l'effervescence d'échanges multiples. Il ne s'agit donc pas d'une ignorance de l'histoire, mais plutôt d'un refus culturel du changement – grâce à des dispositifs symboliques sophisti-qués comme le mythe et le rite. Ce refus ne trahit nulle carence morale ou intellectuelle, mais exprime un parti-pris résolu-ment assumé et dont le caractère systématique est attesté par cette façon de justifier chaque aspect du mode de vie : « Les ancêtres nous l'ont appris ». Alors que nos sociétés occiden-tales se considèrent faites pour changer, au point de valoriser une hiérarchie à partir du rapport entre une prétendue étape antérieure (la « primitivité ») et un accomplissement (la société « civilisée » ou « développée »), les sociétés sauvages sont faites pour durer et dévoilent un autre rapport possible à l'historicité. Celui-ci relève pourtant aussi d'un art consommé et témoigne d'un authentique perfectionnement culturel. Le perfectionnement dans la maîtrise d'un art n'implique donc pas nécessairement l'idée d'une perfectibilité qui devrait se traduire par des changements incessants dans le temps. Rousseau lui-même pointe cette maîtrise de la perfectibilité

---

1. Cl. Lévi-Strauss, *La Pensée sauvage*, *op. cit.*, p. 309-310.

humaine dont ont fait preuve les sociétés sauvages : « Plus on y réfléchit, plus cet état était le moins sujet aux révolutions, le meilleur à l'homme »[1]. Car Rousseau souligne que la perfectibilité est une faculté ambivalente : « Il serait triste pour nous d'être forcés de convenir, que cette faculté distinctive, et presque illimitée, est la source de tous les malheurs de l'homme ; que c'est elle qui le tire, à force de temps, de cette condition originaire, dans laquelle il coulerait des jours tranquilles et innocents ; que c'est elle, qui faisant éclore avec les siècles ses lumières et ses erreurs, ses vices et ses vertus, le rend à la longue le tyran de lui-même et de la nature »[2].

Les sources culturelles de l'idée de progrès

Si les sociétés sauvages ont pris la mesure de l'historicité de la condition humaine tout en refusant l'idée de progrès, celle-ci s'est imposée, dans nos sociétés modernes, en refoulant paradoxalement la conscience de la mort[3]. Au XVIIe siècle, Pascal fut l'un des premiers à théoriser l'idée de progrès, fondée sur la thèse de la perfectibilité spécifique de l'homme. Il oppose d'abord à la condition de l'homme le sort réservé par la nature aux animaux. Ces derniers apparaissent condamnés à vivre dans un « ordre de perfection bornée » : l'habile savoir que l'instinct leur procure spontanément est voué à ne les accompagner que le temps de leur vie, sans jamais pouvoir être légué à leur postérité. Ainsi les animaux seraient condamnés à la stagnation. En revanche, « il n'en est

1. J.-J. Rousseau, *Discours sur l'Origine et les fondements de l'inégalité parmi les hommes*, Paris, GF-Flammarion, 2008, p. 118.
2. J.-J. Rousseau, *Discours sur l'Origine et les fondements de l'inégalité parmi les hommes*, *op. cit.*, p. 80.
3. Sur ce point, *cf.* le beau texte de Max Weber, dans *Le Savant et le politique* I, Paris, 10/18, 1963, p. 70-71.

pas de même de l'homme qui n'est produit que pour l'infinité »[1] : la perfectibilité serait donc bien la prérogative de l'homme. L'accumulation des héritages prendrait ici le pas sur les déterminismes de l'hérédité. Mais le plus remarquable est que Pascal fonde ici l'hypothèse d'un progrès global de l'humanité en extrapolant, à partir de la formation individuelle par l'éducation, une progression générale de l'espèce humaine : « La même chose arrive dans la succession des hommes que dans les âges d'un particulier. De sorte que toute la suite des hommes, pendant le cours des siècles, doit être considérée comme un même homme qui subsiste toujours et qui apprend continuellement ». Pour effectuer une telle extrapolation, Pascal est obligé d'opérer la dénégation du problème de la finitude humaine : l'idée de progrès s'affirme ici au détriment de la conscience de l'historicité primordiale de l'homme. L'idée moderne de progrès s'impose alors comme marche en avant continue et infinie d'« un même homme qui subsiste toujours ». Fontenelle ne s'y trompera pas : « Il est fâcheux de ne pouvoir pousser jusqu'au bout une comparaison qui est en si beau train, mais je suis obligé d'avouer que cet homme-là n'aura point de vieillesse »[2]. La difficulté sera levée avec le recours à la notion d'esprit qui permettra d'affirmer que même si les hommes sont effectivement mortels, en revanche leur esprit peut subsister et grandir. L'esprit humain est alors considéré comme un principe autonome et mû par une sorte de poussée immanente qui lui fait transcender toutes les limites. En 1750, Turgot s'en remit à cette hypothèse dans son *Tableau*

1. Pascal, Préface au *Traité du vide*, dans *Œuvres complètes*, Paris, Le Seuil, 1963, p. 231.
2. B. le Bovier de Fontenelle, *Entretiens sur la pluralité des mondes*, édition de R. Shackleton, Oxford, Clarendon Press, 1955, p. 172.

philosophique des progrès de l'esprit humain[1]. Avec lui s'élabore la tentative d'assimiler la diversité spatiale à une projection sur la surface du globe de la diversité temporelle, unifiée par un ordre de succession irréversible et orientée dans une même direction depuis les débuts de l'humanité.

L'affirmation de l'idée de progrès apparaît comme un réquisit de l'émergence de la notion de civilisation. Son émergence, à partir du XVIIᵉ siècle, correspond à la laïcisation du schème judéo-chrétien de la temporalité. Certes, l'assimilation entre le concept chrétien de l'histoire et la conception moderne du progrès peut paraître trompeuse, puisque les théologiens chrétiens sont restés pessimistes sur le cours de l'histoire profane. Mais le judéo-christianisme a surtout servi d'opérateur pour ne plus penser le temps comme un cercle, sur le modèle des cycles de la nature, et Saint Augustin fut le théoricien de cette exigence nouvelle de sortir des *falsi circuli* ou *circuitus temporum*, pour au contraire s'ouvrir à la *via recta*, au *rectum iter* du Christ[2]. Il s'agit bien de mettre fin au désespoir des païens qui tournent en rond et de briser le modèle du cercle qui fait obstacle à une conception dynamique de la temporalité humaine. Dans un modèle circulaire du temps, il est impossible de discerner un avant et un après. Dans l'Antiquité, les Grecs voyaient dans le temps cyclique naturel un signe de perfection et se méfiaient de la contingence erratique du temps historique spécifiquement humain. La durée cosmique était elle-même conçue comme *anakuklosis*, éternel retour des choses. Alors que le temps naturel apparaissait comme « l'image mobile de l'éternité immobile »[3], le temps

1. Cf. *Œuvres de Turgot*, Paris, E. Daire, 1844, t. II.
2. Saint Augustin, *La Cité de Dieu*, XII, chap. 10-20, Paris, Points-Seuil, 1994, p. 74-94.
3. *Cf.* Platon, *Timée*, 37d, Paris, Les Belles Lettres, 1963, p. 151.

historique était synonyme de tendance à la corruption, à la dégradation, et vécu sur le mode de la *Douleia*. Le judéochristianisme a imposé l'idée d'un temps historique rectiligne et orienté, ayant un commencement (la Genèse) et une fin (l'Apocalypse), et rendant alors chaque événement à la fois unique, semelfactif, et irréversible. En outre, pour les chrétiens, l'événement concret et datable qu'est la venue du Christ partage l'histoire en deux périodes qu'il relie l'un à l'autre : une période antécédente, inaugurée par la Création et convergeant vers la Parousie prophétiquement annoncée ; une période ultérieure, après la mort du Christ sur la croix, qui doit déboucher sur la seconde venue du Christ et qui vaut comme accomplissement final. Enfin, en s'adressant à l'homme au sens générique, le christianisme a postulé une universalité du cours de cette histoire sainte. Le déroulement du temps n'affecte plus ici la figure d'un cercle, mais celle d'une ligne droite, finie à ses deux extrémités, et au long de laquelle se déploie le devenir total du genre humain considéré comme un bloc un et indistinct. En outre, s'écoulant en une direction irréversible, le temps progresse vers une fin prise dans ses deux acceptions (comme terme et comme but) et possède un sens, c'est-à-dire non seulement une orientation définie, mais aussi une signification intrinsèque. Cependant, Saint Augustin distinguait encore nettement le temps sacré porteur d'une espérance eschatologique, du temps profane voué à la vaine répétition. Longtemps la conception oscillatoire ou pendulaire de l'histoire profane, où la grandeur et la décadence se succèdent inexorablement, s'est imposée : elle se retrouve encore chez Machiavel[1]. Même les courants humanistes de la

---

1. *Cf.* Machiavel, *Histoires florentines*, V, dans *Œuvres complètes*, « Bibliothèque de la Pléiade », Paris, Gallimard, 1952, p. 1169.

Renaissance ou de la Réforme protestante n'ont pas été pensés dans le cadre d'une théorie du progrès, mais bien d'un ressourcement : dans les deux cas, il s'agit d'une dévalorisation du passé proche (l'époque médiévale) et d'une valorisation inverse d'un passé lointain (que ce soit l'Antiquité ou le christianisme primitif). En revanche, l'affirmation de l'idée de progrès implique une évolution bénéfique continue depuis les temps les plus anciens et suppose donc non seulement la réfutation de tout âge d'or originel, mais aussi la dévalorisation de tout passé lointain mythifié. Nous trouvons la trace de ce changement de point de vue chez Bodin qui souligne que, pendant les siècles qu'on dit proches de la perfection, « les hommes vivaient dispersés dans les champs et dans les bois comme de vraies bêtes sauvages et ne possédaient en propre que ce qu'ils pouvaient conserver par la force et par le crime : il a fallu bien du temps pour les ramener de cette vie sauvage et barbare à des mœurs civilisées » [1].

L'amalgame entre civilisation et progrès

La sécularisation du schème judéo-chrétien de la temporalité historique a pu prendre des formes diverses, mais l'entrecroisement du cours de l'histoire sainte et de celui de l'histoire profane peut d'abord être pointé chez Bossuet [2] : celui-ci introduit dans sa division en douze époques non seulement les moments religieux décisifs, mais aussi des événements profanes axiaux (la prise de Troie, Romulus, Scipion, Constantin et Charlemagne). Bien que Bossuet multiplie les

---

1. J. Bodin, *Methodus ad facilem historiarum cognitionem*, dans *Œuvres philosophiques*, Paris, P.U.F., 1951, p. 428.

2. Bossuet, *Discours sur l'histoire universelle à Monseigneur le Dauphin*, Paris, GF-Flammarion, 1966. *Cf.* Krzysztof Pomian, *L'Ordre du temps*, Paris, Gallimard, 1984.

déclarations mettant l'accent sur le rôle de Dieu, son histoire n'est plus vraiment théocentrique. La naissance du Christ inaugure le dernier âge du monde, mais du point de vue de sa chronosophie, ce n'est que la dixième époque, précédée par celle de Scipion et suivie par celles de Constantin et Charlemagne. Or cette hypothèse d'une histoire universelle qui ne soit pas une histoire sainte trouve son accomplissement chez Turgot et surtout chez Condorcet. Dans l'*Esquisse d'un tableau historique des progrès de l'esprit humain*, ce dernier distingue dix époques dans le développement de l'humanité : celui-ci consiste en l'accomplissement de l'humanité dans l'individu humain. L'histoire suppose que le devenir de l'homme ne se réduise pas à son histoire individuelle, puisque celle-ci n'est qu'un fragment de la destinée de l'espèce humaine. L'individu et l'espèce humaine sont à la fois associés – puisque l'espèce n'existe que dans l'individu – et dissociés – puisque l'humanité est plus que l'individu. L'histoire se noue dans la distinction au sein même de l'homme entre son existence empirique et individuelle et son être véritable qui s'identifie à l'espèce humaine tout entière. Cette séparation ouvre un devenir dont le sens consiste justement à surmonter la scission entre l'être empirique de l'homme et son essence. Il y a donc dans l'histoire un seuil et un terme : le seuil est le moment qui clôt la proto-histoire ; le terme est la réconciliation de l'homme avec lui-même et la forme empirique de cette réconciliation n'est autre que la République : les individus deviennent alors autonomes et n'obéissent qu'aux lois qu'ils se sont eux-mêmes données. Mais la fin n'est pas un terme, puisque l'existence d'individus reste la condition de la réalité empirique de l'histoire : elle demeure donc un idéal asymptotique. De même, en parlant d'époques et non de périodes, Condorcet manifeste son attachement à l'historicité spécifique des hommes et à l'apport décisif des lumières des meilleurs d'entre eux. Ainsi, Condorcet parle d'une « perfectibilité de l'homme réellement indéfinie » : l'auteur se propose de brosser un tableau de « l'histoire hypothétique d'un peuple unique et former le tableau de ses progrès » qui correspond aux différentes étapes successives de civilisation[1], marquées par des événements intellectuels épochaux. Condorcet dresse avant l'heure une « histoire monumentale » de l'humanité. A la fin de son ouvrage[2], il revient sur l'expression « perfectibilité indéfinie » et lui donne une signification relative qui n'a plus rien à voir avec la notion d'infinité chez Pascal et l'extrapolation métaphysique d'un « même homme qui subsiste toujours » : au contraire, il justifie cette expression à partir de l'hypothèse que les progrès médicaux et sociaux pourraient repousser empiriquement l'échéance de la mort. La conception de la perfectibilité n'est pas ici considérée comme inconditionnelle, mais au contraire hautement tributaire de conditions scientifiques et politiques. Elle est également liée au fait que Condorcet s'en tienne à une conception calculatrice de la raison qui ne porte que sur les moyens : la raison ne peut jamais coïncider ici avec elle-même de manière métaphysique, dans la mesure où son contenu lui vient toujours de l'extérieur.

Dans son ouvrage, Condorcet impose cependant la vision d'une orientation univoque du développement humain et distingue trois grands moments : une protohistoire constituée par les trois premières époques ; l'histoire elle-même qui va de la quatrième à la neuvième époque ; une analyse prospective

1. Condorcet, *Esquisse d'un tableau historique des progrès de l'esprit humain*, Paris, Vrin, 1970, p. 8.
2. Condorcet, *Esquisse d'un tableau historique des progrès de l'esprit humain*, *op. cit.*, p. 235-238.

qui correspond à la dixième époque et opère la déduction de la courbe des progrès à venir. Condorcet fait commencer l'histoire humaine proprement dite avec l'invention de l'écriture alphabétique. Pour l'auteur toutes les sociétés humaines sont situables sur une chaîne temporelle unique, même si certaines sont considérées comme ayant arrêté leur évolution. Le véritable sujet de l'histoire n'est pas ici l'individu humain, mais un sujet impersonnel qui progresse à la fois dans la maîtrise de la nature et dans la maîtrise de lui-même, grâce à l'instruction publique et aux institutions démocratiques. Aussi, les véritables héros sont ici les scientifiques : les découvertes se répondent en écho, comme Démocrite et Descartes pour le mécanisme ou Pythagore et Newton, dans le travail de mathématisation du monde. Le dernier chapitre se donne « un dernier tableau à tracer, celui de nos espérances, des progrès qui sont réservés aux générations futures »[1]. La notion d'espérance renvoie ici à une conception de l'histoire telle que lancée sur son erre, l'avenir de l'homme se dessine de manière tendancielle, mais reste suspendu à la réunion de certaines circonstances favorables. Condorcet répertorie trois espérances : l'égalité des nations, l'égalité des individus et le perfectionnement réel de l'homme. Car l'avenir n'est plus ici dans l'affirmation de principes, mais dans leur réalisation : l'enjeu est de faire en sorte qu'ils ne restent pas de grandes idées formelles. L'hypothèse d'une société assurantielle qui mobiliserait le calcul des probabilités pour faire face aux aléas de l'existence qui frappent les plus démunis est ici envisagée. De même, l'auteur mise sur l'égalité d'instruction qui doit

---

1. Condorcet, *Esquisse d'un tableau historique des progrès de l'esprit humain*, *op. cit.*, p. 9.

permettre « de secouer le joug de l'autorité, de ne plus reconnaître que celle qui serait avouée par leur raison »[1].

La prétention à établir une loi du progrès

Cette conception d'un progrès civilisateur a directement inspiré Auguste Comte[2] qui prétend rationaliser l'approche de Condorcet : « Il *(Condorcet)* a vu nettement, le premier, que la civilisation est assujettie à une marche progressive dont tous les pas sont rigoureusement enchaînés les uns aux autres suivant des lois naturelles ». Là où celui-ci avait ramené l'ensemble de l'histoire humaine à la succession empirique, et donc contingente, de dix époques, Comte va substituer la formulation d'une loi générale de l'histoire censée faire succéder selon un ordre nécessaire trois formes d'organisation, qui articulent chacun un système de représentations sur un ordre de relations sociales : la société théologique et militaire ; la société métaphysique et légiste ; la société scientifique et industrielle[3]. Sous sa forme achevée, cette loi sera celle des trois états : l'état théologique ou fictif ; l'état métaphysique ou abstrait ; l'état scientifique ou positif[4]. Pour Comte, il s'agit d'une loi naturelle, générale et nécessaire, qui permet

1. Condorcet, *Esquisse d'un tableau historique des progrès de l'esprit humain*, *op. cit.*, p. 144.
2. *Cf.* A. Comte, conclusion du *Plan des travaux scientifiques nécessaires pour réorganiser la société* (1822), Paris, Aubier, 1970, p. 135.
3. « On voit que Condorcet n'a nullement senti l'importance d'une disposition philosophique des époques de civilisation *[...]* Il a cru pouvoir coordonner convenablement les faits en prenant presque au hasard, pour origine de chaque époque, un événement remarquable, tantôt industriel, tantôt scientifique, tantôt politique » *op. cit.*, p. 136.
4. En réalité, Turgot avait lui-même formulé une loi des trois états, un siècle avant Comte, dans son *Plan du second discours sur les progrès de l'esprit humain*, Paris, Schelle, 1913-1923, I, p. 315.

de mettre fin à la prise en compte de considérations conjoncturelles : « Ainsi, les diverses époques de la civilisation, au lieu d'être distribuées sans ordre, d'après des événements plus ou moins importants, comme l'a fait Condorcet, doivent être disposées d'après le principe philosophique déjà reconnu par tous les savants comme devant présider aux classifications quelconques »[1]. Mais pour fonder la nécessité de cette loi spécifique, Comte est obligé de régresser vers un modèle organique, au détriment du sens aigu de l'historicité qui caractérisait encore la pensée de Condorcet. La loi des trois états est censée exprimer une « démarche déambulatoire de l'esprit » qu'il faut prendre dans un sens littéral : celui de la progression d'un être vivant doté de motricité, qui, pour « marcher », doit passer d'un état d'équilibre initial, en se jetant dans un état de déséquilibre qui le propulse vers l'avant, pour trouver un équilibre supérieur. Ainsi, Comte retrouve le vocabulaire de Pascal et parle volontiers d'« enfance » ou de « virilité de notre intelligence »[2]. La nature n'est ici dépassée par la civilisation que pour permettre l'accomplissement de la nature humaine. La théorie biologique de la nature humaine revient à affirmer que partout et toujours l'organisme humain a dû présenter, à tous égards, les mêmes besoins essentiels. L'ironie de l'histoire est ici que cet étayage biologique de la conception du progrès part de considérations antérieures à l'émergence de l'évolutionnisme biologique : les fondateurs de l'évolutionnisme social – comme Spencer – élaborent et publient paradoxalement leur doctrine avant *L'Origine des espèces* de Darwin. Mais surtout, le point le plus contestable

1. A. Comte, *Plan des travaux scientifiques nécessaires pour réorganiser la société*, *op. cit.*, p. 137.
2. *Cf.* A. Comte, *Traité philosophique d'astronomie populaire. Discours préliminaire sur l'esprit positif*, Paris, Fayard-*Corpus*, p. 23-24.

de cette conception est cette prétention à vouloir faire relever
le progrès humain d'une loi de succession, et donc à le présenter comme une tendance inconditionnelle. De même, Stuart
Mill formule une « loi du progrès » fondée sur « la progressi-
vité de l'esprit humain »[1] : le caractère inconditionnel de cette
tendance universelle nous permettrait de déduire d'elle les
premières étapes ou phases de l'histoire, sans exiger de
conditions historiques initiales ou des données. En établissant
une « loi », il s'agit paradoxalement – chez Comte comme
chez Mill – de mettre au jour un invariant dans l'évolution
humaine : la confusion est alors introduite entre les notions de
dynamique et de statique que ces auteurs transfèrent de la
physique à la sociologie[2]. Car l'établissement par leurs soins
d'une loi de succession prétendant rendre compte de la
dynamique sociale revient, en réalité, à prendre pour modèle
ce que le physicien appelle un système statique (comme le
système solaire) où il est permis effectivement de prévoir
des mouvements périodiques. Le procédé revient, en fin de
compte, à privilégier une conception de la civilisation comme
« mouvement » plutôt que comme « processus ». Au lieu de
faire dépendre le développement de la civilisation de l'action
même des humains, on cherche ici à mettre au jour un mouvement général implacable. C'est pourquoi Comte et Mill tentent
de fonder leur loi de succession sur une « nature humaine »,
d'ordre biologique et psychologique. Mill, par exemple,
prétend l'articuler sur un principe fondamental, mais simple :
« La force dont l'impulsion a déterminé la plupart des
perfectionnements apportés dans les arts de la vie est le désir

1. J. Stuart Mill, *Système de logique*, Livre VI, chap. 10, Paris, Mardaga,
1988, p. 508-533.

2. Sur cette confusion entre statique et dynamique, *cf.* K. Popper, *Misère
de l'historicisme*, chap. IV, Paris, Plon, 1956, p. 110-128.

d'accroître le bien-être matériel »[1]. Ce principe peut sembler naïf, mais il lui permet une neutralisation axiologique du problème du progrès et d'éviter de parler de perfectionnement moral, même si cela provoque chez lui encore plus de considérations embarrassées : « Pour mon compte, je crois que la tendance générale est et restera, sauf des exceptions accidentelles, une tendance au perfectionnement, à un état meilleur et plus heureux. Mais ce n'est pas là une question de méthode de la Science Sociale ; c'est un théorème de la science elle-même. Il suffit pour notre but qu'il y ait un changement progressif et dans le caractère de la race humaine et dans celles des circonstances qu'elle façonne elle-même ; il suffit que, à chaque époque successive, les principaux phénomènes de la société soient différents de ce qu'ils étaient dans une époque antérieure quelconque ; les périodes qui marquent le plus distinctement ces changements successifs étant les intervalles d'une génération, pendant lesquels une multitude d'êtres humains ont été élevés, ont passé de l'enfance à l'âge adulte et pris possession de la société »[2]. On voit ici comment Mill prétend distinguer un jugement appréciatif d'une étude objective et strictement factuelle du « mouvement » de civilisation : cela le conduit à opérer une sorte d'étayage biologique du développement historique de la civilisation, en le faisant reposer sur les ruptures trans-générationnelles. Non seulement Comte et Mill semblent oublier que les tendances générales dépendent toujours de conditions initiales, mais ils naturalisent le problème de la civilisation, au détriment d'une attention à porter aux conditions institutionnelles favorisant

1. J. Stuart Mill, *Système de logique*, *op. cit.*, p. 528.
2. *Ibid.*, p. 512.

son essor, comme par exemple les institutions politiques qui garantissent la liberté de pensée[1].

Associer étroitement la notion de civilisation à celle de progrès linéaire conduit donc à postuler un mouvement inexorable, censé viser l'accomplissement de l'humanité. Le premier effet pervers de cette conception consiste à se réclamer d'une vision réductrice et dogmatique de la notion de civilisation, qui souvent se réduit à un habillage idéologique d'intérêts occidentaux. Elle produit un ethnocentrisme[2] sournois qui, tout en proclamant souvent une égalité naturelle entre tous les hommes, considère que ceux qui ne partagent pas notre mode de vie n'auraient pas encore eu la chance d'acquérir cette « maturité » dont nous faisons preuve : cette façon de procéder revient à infantiliser les cultures différentes de la nôtre. Claude Lévi-Strauss a dénoncé ce « faux évolutionnisme » : « Il s'agit d'une tentative pour supprimer la diversité des cultures tout en feignant de la reconnaître pleinement ; car, si l'on traite les différents états où se trouvent les sociétés humaines, tant anciennes que lointaines, comme des *stades* ou des *étapes* d'un développement unique qui, partant du même point, doit les faire converger vers le même but, on voit bien que la diversité n'est plus qu'apparente »[3]. Cette approche peut devenir caricaturale et a constitué la face obscure de l'esprit des *Lumières* : nous pouvons en repérer les traces chez Condorcet lui-même. Dans le dernier chapitre de son ouvrage, il s'interroge : « Toutes les nations doivent-elles se rapprocher

1. *Cf.* K. Popper, *Misère de l'historicisme, op. cit.*, p. 150-153.

2. Le mot apparaît pour la première fois en 1906 dans *Folkways* de William G. Summer (cité par P.-J. Simon, « *Ethnocentrisme* », *Pluriel-recherches*, cahier n° 1, 1993, p. 57-63).

3. Cl. Lévi-Strauss, *Anthropologie structurale II*, Paris, Plon, 1973, p. 385-386.

un jour de l'état de civilisation où sont parvenus les peuples les plus éclairés, les plus libres, les plus affranchis de préjugés, tels que les Français et les Anglo-Américains ? »[1]. Condorcet est conscient des excès commis par les colonisateurs occidentaux qui se sont transformés en « corrupteurs » ou « tyrans » des peuples exotiques. Il aspire à une approche nouvelle de la colonisation : « A ces moines, qui ne portaient chez ces peuples que de honteuses superstitions, et qui les révoltaient en les menaçant d'une domination nouvelle, on verra succéder des hommes occupés de répandre, parmi ces nations, les vérités utiles à leur bonheur, de les éclairer sur leurs intérêts comme sur leurs droits »[2]. Ainsi Condorcet parle-t-il de ces vastes pays exotiques « qui semblent n'attendre, pour se civiliser, que d'en recevoir de nous les moyens ». Cependant, Condorcet reconnaît que certaines peuplades pourraient se montrer plus récalcitrantes, parce que trop sauvages ou trop nomades. Alors l'auteur envisage ni plus ni moins leur disparition totale ou leur assimilation forcée : « Les progrès de ces deux dernières classes de peuples seront plus lents, accompagnés de plus d'orages ; peut-être même que, réduits à un moindre nombre, à mesure qu'ils se verront repoussés par les nations civilisées, ils finiront par disparaître insensiblement, ou se perdre dans leur sein »[3]. Tout ce qui ne va pas dans le sens du courant serait donc condamné : le postulat d'un sens global du progrès rend aveugle à la signification spécifique des cultures humaines. Ce travers trouve son corollaire dans un

1. Condorcet, *Esquisse d'un tableau historique des progrès de l'esprit humain*, op. cit., p. 204.
2. Condorcet, *Esquisse d'un tableau historique des progrès de l'esprit humain*, op. cit., p. 208.
3. Condorcet, *Esquisse d'un tableau historique des progrès de l'esprit humain*, op. cit., p. 208.

autre effet pervers qui consiste à fixer un idéal normatif à accomplir : le progrès devrait conduire vers un même mode de vie pour toute l'humanité, considéré comme son accomplissement final. La civilisation serait donc un processus téléologique voué à une universalité extensive. Ce prophétisme historiciste en vient paradoxalement à postuler la fin de l'histoire. Ainsi en trouve-t-on une version postmoderne chez Francis Fukuyama[1] qui voit dans la démocratie libérale le point de convergence politique et économique de toute l'humanité. L'État universel et homogène serait donc le but de l'histoire humaine, mais en même temps il en serait paradoxalement le terme. Pourtant, Kant lui-même reconnaissait que l'idéal cosmopolitique visant l'établissement d'un État mondial est à la fois irréalisable et illégitime, au moins pour deux raisons : « La diversité des langues et des religions »[2]. Ces deux raisons d'ordre culturel montrent que la civilisation ne peut être conçue comme un processus éradiquant la diversité au sein de l'humanité.

1. Fukuyama, *La Fin de l'histoire et le dernier homme*, Paris, Flammarion, 1992.

2. Kant, « Projet de paix perpétuelle », *Œuvres philosophiques*, III, « Bibliothèque de la Pléiade », Paris, Gallimard, 1986, p. 361.

Chapitre III

LA PLURALITÉ DES CIVILISATIONS

Une civilisation est une notion qui présente toujours plus d'extension que celle de culture, mais cette extension ne correspond pas nécessairement à un dépassement des cultures dirigé vers l'accomplissement d'un idéal normatif. Comme nous l'avons souligné[1], Mauss stigmatise un usage idéologique de la notion de civilisation qui ne peut que conduire à des dérives : « Les hommes d'État, les philosophes, le public, les publicistes encore plus, parlent de *la Civilisation*. En période nationaliste, *la Civilisation* c'est toujours *leur* culture, celle de leur nation, car ils ignorent généralement la civilisation des autres. En période rationaliste et généralement universaliste et cosmopolite, et à la façon des grandes religions, *la Civilisation* constitue une sorte d'état de choses idéal et réel à la fois, rationnel et naturel en même temps, causal et final au même moment, qu'un progrès dont on ne doute pas dégagerait peu à peu *[...]* Il nous semble que, de notre temps, cette fois, c'est dans les faits et non plus dans l'idéologie que se réalise quelque chose du genre de *la* Civilisation »[2]. Aussi, Mauss

1. *Cf.* notre *Introduction*, p. 18.
2. M. Mauss, *Eléments de sociologie*, *op. cit.*, p. 249-250.

préfère parler de «phénomènes de civilisation». Ceux-ci se
distingueraient des phénomènes sociaux spécifiques ou
nationaux et renverraient plutôt à une sorte de bassin ou de
fonds de phénomènes communs à plusieurs sociétés plus ou
moins rapprochées : «Une sorte de système hypersocial de
systèmes sociaux, voilà ce qu'on peut appeler une civilisation»[1]. Parler de civilisation ne consiste pas ici à renvoyer à
un principe, mais à une limite de fusion. Elle présuppose déjà
l'existence de particularismes culturels susceptibles d'être
partagés, mais dont les caractères originaux peuvent toujours
opposer leur résistance. Loin de renvoyer à une norme, une
civilisation demeurerait toujours une réalité métastable,
nécessitant une enquête sur le terrain pour y cerner à la fois
l'unité et les tensions spécifiques qui la traversent.

Diversité des civilisations et incommunicabilité

Si Tylor a été le premier à s'efforcer de définir la culture de
manière scientifique, Franz Boas fut véritablement le fonda-
teur de l'ethnographie, à la fin du XIXe siècle. Toute son œuvre
a consisté à «penser la différence»[2] et à montrer que celle-ci
n'est pas d'ordre racial, mais culturel[3]. Dès lors, l'objectif de
Boas a été d'étudier «les» cultures plutôt que «la» culture. Il
s'est opposé à la théorie évolutionniste unilinéaire qui était
dominante à l'époque. Il rejeta toute idée de lois générales
de l'évolution des cultures et toute méthode de «périodisa-
tion» visant à établir des «stades» ou des «états» de l'humanité. Il lui substitua l'idée d'une méthode monographique,
impliquant une enquête directe de terrain et une immersion

1. M. Mauss, *Essais de sociologie*, *op. cit.*, p. 234-237.
2. *Cf.* D. Cuche, *La Notion de culture dans les sciences sociales*, Paris, La
Découverte, 1996, p. 23.
3. F. Boas, *Race, Language and Culture*, New York, Macmillan, 1940.

dans la culture à étudier : il permit de passer d'une ethnographie de voyageurs à une ethnographie de séjour. A la même
époque, en France, d'abord accaparé par son projet de fonder
la méthode sociologique, Emile Durkheim s'employa aussi à
s'extirper des considérations idéologiques liées au préjugé
français privilégiant la notion de civilisation, au détriment de
celle de culture. Dans une note rédigée avec Marcel Mauss et
parue en 1913, il s'efforçait de s'en tenir à une version non
normative de la notion de civilisation qui impliquait de parler
des civilisations au pluriel, sans pour autant remettre en
question l'unité de l'homme : une « civilisation » consiste en
un ensemble de « phénomènes sociaux qui ne sont pas attachés
à un organisme social particulier ; ils s'étendent sur des aires
qui dépassent un territoire national, ou bien ils se développent
sur des périodes de temps qui dépassent l'histoire d'une seule
société »[1]. Dès 1901, Mauss avait été encore plus explicite :
« La civilisation d'un peuple n'est rien d'autre que l'ensemble
de ses phénomènes sociaux ; et parler de peuples incultes,
"sans civilisation", de peuples "naturels" (*Naturvölker*), c'est
parler de choses qui n'existent pas »[2]. Durkheim s'éleva
contre l'idée d'un devenir identique pour toute l'humanité :
« Le développement humain doit être figuré, non sous la
forme d'une ligne où les sociétés viendraient se disposer les
unes derrière les autres comme si les plus avancées n'étaient
que la suite et la continuation des plus rudimentaires, mais
comme un arbre aux rameaux multiples et divergents »[3].

1. E. Durkheim et M. Mauss, « *Note sur la notion de civilisation* »,
cf. E. Durkheim, *Journal sociologique*, Paris, P.U.F., Paris, 1969, p. 681-685.

2. E. Durkheim, *L'Année sociologique*, IV, 1901, p. 141, cité par D. Cuche,
La Notion de culture dans les sciences sociales, *op. cit.*, p. 24.

3. E. Durkheim, *L'Année sociologique*, XII, 1913, p. 60-61, cité par
D. Cuche, *La Notion de culture dans les sciences sociales*, *op. cit.*, p. 25.

Paradoxalement, Durkheim retrouve ici la métaphore développée par Herder, au XVIIIᵉ siècle.

Cependant, si chaque civilisation cultive sa différence, non seulement le relativisme règne, mais l'incommunicabilité menace. Si la diversité des langues incarne la spécificité des cultures, les problèmes de traduction cristallisent alors ces problèmes de communication. Une langue particulière pourrait véhiculer une « conception du monde » spécifique, au point de nous faire douter de l'universalité de la pensée. Le langage jouerait le rôle de classificateur et d'organisateur de l'expérience sensible elle-même : chaque membre d'une culture verrait le monde à travers les « lunettes » sociales de sa langue maternelle. Telle est l'hypothèse de Sapir-Whorf : « L'étude de la langue montre que les formes de pensée d'une personne sont sous la dépendance de lois d'organisation inexorables dont elle n'est pas consciente » [1]. A chaque langue correspondrait une façon particulière de réfléchir, une logique différente. Une langue serait l'ensemble des connotations partagées : à la conception dyadique du signe chez Saussure (fondée sur le rapport signifiant/signifié), il faudrait donc substituer une conception triadique du signe qui tiendrait compte de l'usage, du monde des sujets parlants. En un mot, l'appartenance à une culture témoignerait de la communauté entre le langage et la vie. Peirce a souligné ce rôle de la connotation – par opposition à la dénotation – qu'illustrerait, chez lui, la triangulation sémiotique : un signe est une chose reliée sous un certain aspect à un second signe, son « objet », de telle manière qu'il mette en relation une troisième chose, son

---

1. B.L. Whorf, *Language, Thought and Reality : Selected Writings of Benjamin Lee Whorf*, Cambridge and New York, M.I.T. Press and John Wiley, 1956, p. 252.

« interprétant », avec ce même objet, et ceci de façon à mettre
en relation une quatrième chose avec cet objet, et ainsi de
suite *ad infinitum*[1]. Au cœur même du signe, interviendrait
une instance tierce appelée « *interprétant* », qui ne représente
surtout pas une personne, mais est constitutive à part entière
du signe et joue le rôle de médiation entre « *representamen* »
– l'image sonore et visuelle du signe – et l'« *objet* », percepti-
ble ou imaginable que représente le signe. Le signe ne renvoie
donc jamais à une chose isolée, mais à une structure symbolique dont il est lui-même un élément : le schéma strictement
désignatif ne devient ici qu'un cas limite fictif. L'interprétant
joue le rôle d'un commentaire, d'une glose sur le signe dans
son rapport à l'objet. L'association entre le signe et l'interprétant ne peut être rendue possible que par la communauté, plus
ou moins établie, d'une expérience entre le locuteur et le
récepteur. Le caractère indéfini de la série des interprétants
indique bien qu'il s'agit toujours d'une expérience de vie,
frappée d'incomplétude. L'interprétant ouvre un enchaîne-
ment d'interprétants qui ne réside que dans l'habitude qui
le règle et le gouverne : « L'usage d'une expression est la
caractéristique essentielle qui nous permet d'en reconnaître la
signification »[2]. Ce réseau au tissage presque infini rendrait
donc difficile la compréhension. Si les mots sont censés
désigner des choses, les mots eux-mêmes sont des choses, que
nous pouvons désigner avec d'autres mots et ils ont une
« couleur », c'est-à-dire un pouvoir évocateur. Une langue
n'exercerait donc pas une fonction strictement dénotative : or
si la valeur de vérité d'une proposition se trouve dans sa
dénotation, le relativisme culturel des langues justifierait un

---

1. *Cf.* Charles S. Peirce, *Ecrits sur le signe*, Paris, Le Seuil, 1978.
2. Wittgenstein, *Le Cahier bleu*, Paris, Tel-Gallimard, 1998, p. 143.

relativisme plus global. Le principe de substituabilité[1] est alors mis en échec : si deux expressions de langues différentes ont la même référence, alors on peut remplacer une occurrence purement désignative de l'une dans un énoncé par une occurrence de l'autre ; mais là où la substitution ne peut s'effectuer *salva veritate*, l'occurrence qui résiste à la substitution n'est pas purement désignative et l'expression perd de sa transparence. Nous avons alors affaire à une « opacité référentielle »[2] : dès lors, il n'y aurait place que pour des interprétations[3]. Quine a souligné les difficultés qu'il y aurait à vouloir traduire une langue dans une autre, quand les deux langues sont totalement étrangères : l'exemple célèbre de l'expression indigène « *Gavagaï* » prononcée devant un explorateur au moment où passe un lapin est censé illustrer ces difficultés[4]. Cette expression signifie-t-elle « lapin », ou « voici un lapin », ou « un segment de lapin », une manifestation de léporité, *etc.* ? Nous nous heurtons à l'indétermination de la traduction. Il n'y aurait donc pas à chercher de fondements stables à des vérités : le langage ne serait qu'un art social et la communication fonctionnerait grâce à un accord tacite entre les locuteurs. Entre deux manuels de traduction rivaux, aucune expérience, aucun critère scientifique ne pourra venir les départager[5]. Il serait donc impossible de dire « de quoi parle » l'indigène : dire de quels objets quelqu'un parle revient seulement à dire

1. *Cf.* Frege, *Sens et dénotation* dans *Ecrits logiques et philosophiques*, Paris, Le Seuil, 1994, p. 111.

2. *Cf.* Quine, *Le Mot et la chose*, Paris, Champs-Flammarion, 1999, IV, § 30.

3. Problème déjà été posé par Spinoza : cf. *Ethique*, II, prop. 18, scolie.

4. *Cf.* Quine *Le Mot et la chose*, *op. cit.*, II, § 7-10. *Cf.* également : *Relativité de l'ontologie*, Paris, Aubier, 1977, II, § 2.

5. Quine, *Relativité de l'ontologie*, *op. cit.*, p. 63.

comment nous proposons de traduire ses termes dans les nôtres. La thèse de l'indétermination de la traduction est liée à celle de l'inscrutabilité de la référence, laquelle suppose la relativité de l'ontologie. Il ne serait même plus légitime d'accorder à l'indigène une cohérence logique ou une rationalité minimale : Quine préfère parler de communauté d'apprentissage plutôt que de rationalité commune. Nous aurions alors affaire à un relativisme total : ce qui est « propre » à une langue serait indécidable en termes d'expérience, et donc inscrutable.

La mésentente entre civilisations

Mais si avec Quine, il est acquis que nous réfléchissons « dans les limites de clocher de notre langage » et que même notre ontologie est parochiale, l'incommunicabilité apparaît irréductible. A l'universel s'oppose ici l'irrédentisme de l'« esprit de clocher », du « provincial » ou de « parochialisme ». La pluralité des cultures impliquerait nécessairement malentendus et les rapports entre les civilisations seraient nécessairement l'objet de tensions et même porteurs de violence. Dans *Le Choc des civilisations* publié en 1996, Huntington défend cette thèse, par réaction d'abord à la vision autant idyllique qu'idéologique d'une fin de l'Histoire, proposée par Francis Fukuyama. Il montre que le monde humain est nécessairement multipolaire et pluricivilisationnel[1] et qu'après l'affrontement des trois blocs de la guerre froide, l'histoire aurait pour enjeu l'affrontement des civilisations, qu'il répertorie au nombre de huit : chinoise, japonaise, hindoue, musulmane, orthodoxe, occidentale, latino-américaine et africaine. Les civilisations seraient donc de « grandes

1. « Les civilisations au pluriel constituent le sujet de ce livre », S. Huntington, *Le Choc des civilisations*, Paris, Odile Jacob, 2000.

cultures ». En un sens, le monde est dual, mais la distinction centrale opposerait désormais l'actuelle civilisation dominante, l'Occident, et toutes les autres, même si ces dernières ont bien peu en commun[1]. Dès lors Huntington emprunte des accents « schmittiens »[2] en proclamant que pour nous définir, nous aurions besoin d'ennemis. Des facteurs culturels ou civilisationnels influencent également de plus en plus les conflits d'intérêts entre les États et peuvent même prendre le pas sur des antagonismes intra-étatiques potentiels : ainsi en est-il de la Russie et de l'Ukraine. Huntington se réfère explicitement à Durkheim et Mauss[3], mais en réalité, il effectue un déplacement symptomatique de l'acception de la notion de civilisation, qui le conduit à une approche réductrice de celle-ci. Mauss avait relevé un « troisième sens du mot civilisation » qui pour lui restait marginal : « Celui où on l'applique pour ainsi dire exclusivement à des données morales et religieuses »[4]. Or, Huntington fait jouer un rôle déterminant à la religion pour distinguer les civilisations : « Dans le cours d'une guerre, les différences identitaires s'estompent, et finit par l'emporter celle qui, au regard du conflit, est la plus significative. Elle est presque toujours définie par la religion »[5]. La religion constituerait la dynamique des guerres civilisationnelles. Pourtant, il s'agit là d'une extrapolation discutable : comment peut-on prétendre parler, par exemple, d'une

1. S. Huntington, *Le Choc des civilisations*, *op. cit.*, p. 18.

2. *Cf.* C. Schmittt, *La Notion de politique*, Paris, Calmann-Lévy, 1972, p. 114. Sur le thème de l'opposition entre civilisation et politique pure, *cf.* le petit ouvrage de C. Schmitt, *Hamlet ou Hécube*, Paris, l'Arche, 1992 (en particulier, l'annexe 2 : *Sur le caractère barbare du drame shakespearien*).

3. S. Huntington, , *Le Choc des civilisations*, *op. cit.*, p. 45.

4. M. Mauss, *Les civilisations : éléments et formes*, *op. cit.*, p. 248.

5. S. Huntington, , *Le Choc des civilisations*, *op. cit.*, p. 401.

civilisation musulmane sans prendre en compte les disparités entre la façon d'être musulman en Indonésie et au Sénégal ? Huntington tend à « substantifier » la notion de civilisation, en réduisant celle-ci à l'expression d'une adhésion religieuse : c'est oublier que les guerres de religion peuvent se développer au sein d'une même civilisation, voire à l'intérieur d'un pays. Alors que Mauss avait insisté sur la définition de « phéno-mènes de civilisation », Huntington tend à vouloir leur retrou-ver une essence irréductible qui en ferait des systèmes iner-tiaux, incapables de connaître une dynamique interne de trans-formation. La question des libertés est marginalisée pour faire une place déterminante à l'appartenance civilisationnelle, présentée comme un destin à assumer. Le *clash* des civilisa-tions tend à réduire la complexité du monde humain à l'affron-tement entre entités simples et homogènes, mais cette vision apparaît extrêmement manichéenne et conduit à neutraliser la dimension politique des conflits humains, alors que seule la politique est en mesure de réguler et de limiter le développe-ment de guerres. En voulant faire reposer les rapports entre civilisations sur le clivage entre « nous » et « les autres », cette attitude conduit en réalité à se référer à une identité imaginaire pour chaque aire culturelle : en faisant des autres un ennemi potentiel, elle en vient à dénier la part d'altérité qui constitue chaque identité culturelle. En un mot, les tenants d'une telle conception qui prétend combattre l'autre en arrivent à se combattre eux-mêmes, en pourchassant la part de l'autre en eux-mêmes – l'autre de nous plutôt que l'autre que nous. Cette attitude conduit donc nécessairement à un appauvrissement culturel et au nihilisme. A l'inverse, pour empêcher le choc des civilisations, pour dépasser les exclusivismes identitaires, il revient à chaque civilisation de reconnaître la part d'altérité constitutive de sa propre identité culturelle. L'identité d'une

terminé, à moins de supposer une conversion culturelle totale qui ne peut être posée comme son but ultime. Le processus demeure donc tendanciel : la transformation d'une culture initiale s'effectue par « sélection » de fragments culturels adoptés et cette sélection relève de la « tendance » profonde de la culture preneuse. C'est justement parce que les groupes ne restent jamais passifs lorsqu'ils sont confrontés à des changements culturels provoqués par des causes exogènes que l'acculturation ne conduit jamais à une uniformisation appauvrissante. L'acculturation présuppose donc également des phénomènes de résistance. Herskovits utilise la notion de « réinterprétation » pour désigner « le processus par lequel d'anciennes significations sont attribuées à des éléments nouveaux ou par lequel de nouvelles valeurs changent la signification culturelle de formes anciennes »[1]. Mais ce processus de réinterprétation n'empêche pas la présence de « survivances » culturelles, c'est-à-dire des éléments de l'ancienne culture conservés tels quels dans la nouvelle culture syncrétique : ces survivances témoigneraient qu'une culture oppose toujours sa propre force inertiale dans tout processus d'acculturation et abonderaient dans le sens d'une légitimation du multiculturalisme. Ce dernier revendique une reconnaissance politique officielle de la pluralité culturelle et un traitement public équitable de ses expressions. Le multiculturalisme s'oppose donc radicalement à l'assimilationnisme qui vise à refouler l'expression des différences culturelles dans la seule sphère privée. Il peut, au contraire, en appeler à une politique qui mette en place des programmes de « traitement préférentiel » ou de « discrimination positive » (*affirmative action*), pour compenser les effets des discriminations

1. Herskovits, *Les Bases de l'anthropologie culturelle*, Paris, Payot, 1952.

négatives dues aux préjugés ethnocentriques. Le multiculturalisme a été théorisé, en particulier, par Charles Taylor et celui-ci ne l'oppose pas à l'individualisme[1]. Comme mode de gestion de la diversité culturelle, le multiculturalisme a été, en effet, accusé de favoriser une certaine réification des cultures, en veillant à la préservation des « cultures d'origine » chez les immigrants. Il conduirait à une ethnicisation des rapports sociaux en concevant la société comme une juxtaposition de communautés ethniques et en réduisant les individus à se définir par leur appartenance originelle à telle ou telle communauté. Il légitimerait donc le communautarisme et le repli identitaire de groupes menaçant de désintégration la société. Mais les revendications multiculturelles n'impliquent pas nécessairement un repli communautaire. Elles peuvent être, au contraire, l'expression d'une individualisation croissante de la société et d'un besoin fondamental de reconnaissance de la part d'individus qui se construisent une personnalité sur la base d'un syncrétisme culturel souvent éclectique. Dès lors, le multiculturalisme ne s'oppose qu'à un universalisme artificiel qui voudrait que les individus humains soient considérés comme des personnes abstraites. Aspirer à l'établissement d'une civilisation mondiale abstraite ne peut entraîner qu'une dévalorisation des traits culturels particuliers et entretenir l'illusion que les échanges interculturels devraient se faire au détriment des échanges intraculturels. La pluralité des civilisations n'est donc pas fatalement un facteur de guerre : elle témoigne du phénomène nécessaire de collaboration des cultures et d'une universalité observée par recoupements. Le sentiment de gratitude et d'humilité que chaque membre d'une civilisation donnée peut et doit éprouver envers les autres ne

---

1. *Cf.* Ch. Taylor, *Multiculturalisme*, Paris, Champs-Flammarion, 1997.

peut se fonder que sur la reconnaissance d'un écart différentiel qui manifeste la diversité dont l'homme est capable. Comme le souligne Lévi-Strauss, « Il n'y a pas, il ne peut y avoir, une civilisation mondiale au sens absolu que l'on donne à ce terme, puisque la civilisation implique la coexistence de cultures offrant entre elles le maximum de diversité, et consiste même en cette coexistence »[1].

La reconnaissance de la diversité des civilisations comme bassins de cultures ne conduit pas nécessairement au relativisme et surtout pas chez Claude Lévi-Strauss. Au-delà des particularismes culturels, ce dernier met l'accent sur les homologies structurales qui existent entre les cultures et les civilisations humaines. Lorsque l'ethnologue insiste pour souligner que les membres des cultures sont tributaires d'un inconscient productif, celui-ci n'est pas un simple inconscient de refoulement, mais apparaît synonyme d'implicite ou de virtuel : une structure renvoie à un rapport constant entre des contenus et ce rapport renvoie à une capacité à imposer des formes à des contenus[2]. Cette activité inconsciente constitue l'armature symbolique de l'esprit humain. Un mythe présente alors un intérêt par son rapport à d'autres mythes ou aux variantes de même mythe dans un groupe de transformation, une combinatoire de possibilités réglées. Plus des récits mythiques manifestent une permanence structurale, malgré les transformations que leur font subir des populations différentes sous forme de variantes, plus celles-ci apparaissent comme des explorations de possibilités logiques d'une même matrice symbolique[3]. S'il y a communication entre des hommes

1. Lévi-Strauss, *Anthropologie structurale II*, *op. cit.*, p. 417.
2. « L'activité inconsciente consiste à imposer des formes à un contenu », Cl. Lévi-Strauss, *Anthropologie structurale I*, Paris, Plon, 1971, p. 28.
3. *Cf.* Cl. Lévi-Strauss, *Anthropologie structurale II*, *op. cit.*, chap. XIV.

d'appartenance culturelle différente, ce n'est donc pas simplement parce qu'il y a eu une rencontre prise en tant qu'événement existentiel, mais parce que la possibilité objective d'une communication entre sujets disposant du même équipement mental est sous-jacente. Pour Lévi-Strauss, il y a une intelligibilité propre du monde objectif à quoi participe l'esprit humain. Si les contenus culturels changent, une structure formelle inconsciente subsiste qui fonctionne comme dispositif organisationnel de données : « L'inconscient cesse d'être l'ineffable refuge des particularités individuelles, le dépositaire d'une histoire unique, qui fait de chacun d'entre nous un être irremplaçable. Il se réduit à un terme par lequel nous désignons une fonction : la fonction symbolique, spécifiquement humaine, sans doute, mais qui, chez tous les hommes, s'exerce selon les mêmes lois »[1]. Il s'agit bien de mettre au jour des constantes de l'esprit : « Nous ne prétendons pas montrer comment les hommes pensent dans les mythes, mais comment les mythes se pensent dans les hommes, et à leur insu »[2]. L'universalité de l'esprit apparaît, chez Lévi-Strauss, comme une hypothèse nécessaire qui se confirme avec le fait, par exemple, que la prohibition de l'inceste soit attestée dans toutes les cultures humaines : il y a bien un noyau dur de la parenté. Une même architecture de l'esprit est à l'œuvre aussi bien dans les catégories logiques, dans certaines formes d'institution et les dispositifs mythiques[3]. La même architecture est présente aussi bien chez les « primitifs » que les « civilisés ». Ces propriétés communes ne font que refléter

1. Cl. Lévi-Strauss, *Anthropologie structurale I*, *op. cit.*, p. 224.
2. Cl. Lévi-Strauss, *Le Cru et le cuit*, Paris, Plon, 1964, p. 20.
3. *Ibid.*, p. 346.

« la structure du cerveau » humain[1]. En fin de compte, Lévi-Strauss pourrait souscrire à la thèse avancée par Dumézil : « L'esprit humain est essentiellement organisateur, systématique, il vit de multiple simultané – en sorte que, à toute époque, en dehors des complexes secondaires qui s'expliquent par des apports successifs de l'histoire, il existe des complexes primaires qui sont peut-être plus fondamentaux dans les civilisations, plus vivaces »[2]. Une communauté des esprits est donc ici présupposée en amont.

Une universalité en amont

Loin de constituer une difficulté, la diversité des civilisations permet de comprendre au contraire que la même compétence en vient à produire nécessairement des performances différentes, en raison des circonstances locales toujours particulières. La pensée de Lévi-Strauss semble alors approfondir celle de Ruth Benedict, qui avait été élève et assistante de Boas. L'œuvre de cette dernière avait été consacrée à la définition de « types culturels »[3] : chaque culture se caractérise par une certaine configuration, un certain modèle et forme une totalité homogène et cohérente. Mais avec Lévi-Strauss, il ne faut pas se contenter de mettre au jour des types, mais plutôt des archétypes ou schèmes fondamentaux, dont les

---

1. Cl. Lévi-Strauss, « *Sur le caractère distinctif des faits ethnologiques* », Revue des travaux de l'Académie des sciences morales et politiques, vol. CXV, 1er semestre 1962, p. 217. H. Putnam le souligne également : « Les intérêts humains, les processus cognitifs humains, doivent avoir une *structure* qui est lourdement déterminée par des facteurs innés ou constitutionnels. La nature humaine n'est pas à ce point plastique » *Meaning and the Moral Sciences*, Londres, Routledge & Kegan, 1978, p. 56.

2. G. Dumézil, *Les Dieux des Indo-européens*, Paris, P.U.F., 1952, p. 80.

3. R. Benedict, *Echantillons de civilisations*, Paris, Gallimard, 1950 (en anglais *Patterns of Culture*, publié en 1934).

types de cultures n'en seraient que la stylisation. Lévi-Strauss lui-même se réapproprie la notion de style pour lui faire jouer un rôle décisif : « L'ensemble des coutumes d'un peuple est toujours marqué par un style ; elles forment des systèmes. Je suis persuadé que ces systèmes n'existent pas en nombre illimité et que les sociétés humaines comme les individus – dans leurs jeux, leurs rêves ou leurs délires – ne créent jamais de façon absolue, mais se bornent à choisir certaines combinaisons dans un répertoire idéal qu'il serait possible de reconstituer »[1]. Même dans sa capacité à concevoir des civilisations futures ou utopiques, l'imaginaire de l'homme ne fait encore que recombiner de manière originale des éléments déjà disponibles. Chaque civilisation apparaît donc elle-même comme l'instanciation en aval de schèmes, de figures symboliques qui se situent en amont. La contradiction entre l'universel et le particulier est ici levée : la pluralité des civilisations est donc la déclinaison à chaque fois spécifique des dispositions de l'esprit humain. Cette hypothèse selon laquelle l'esprit d'une culture ou d'un ensemble de cultures serait lui-même une des exemplifications possibles de constantes universelles d'un esprit du genre humain avait déjà été développée par Montesquieu qui, loin de se satisfaire d'un relativisme culturel naïf, présupposait une grammaire pure des rapports entre les hommes : « Avant qu'il y eût des êtres intelligents, ils étaient possibles ; ils avaient donc des rapports possibles, et par conséquent des lois possibles. Avant qu'il y eût des lois faites, il y avait des rapports de justice possibles. Dire qu'il n'y a rien de juste ni d'injuste que ce qu'ordonnent ou défendent les lois positives, c'est dire qu'avant qu'on eût tracé de cercle, tous les rayons n'étaient pas égaux. Il faut donc avouer des rapports

1. Cl. Lévi-Strauss, *Tristes Tropiques*, Paris, Presses Pocket, 1992, p. 205.

d'équité antérieurs à la loi positive qui les établit »[1]. Tout comme la « figure liée » du cercle – par opposition à toute forme purement abstraite qui correspondrait à la simple définition conceptuelle – précède son dessin concret, les civilisations dessinent à leur façon les contours universels[2] d'attitudes humaines fondamentales présupposées, comme c'est le cas avec la prohibition de l'inceste, dans les relations entre créanciers et débiteurs, et plus globalement de toutes les règles incontournables de réciprocité comme l'exigence de reconnaissance – citée par Montesquieu lui-même. Montesquieu souligne que l'esprit des lois déborde l'esprit d'une nation et permet de juger celui-ci à l'aune de l'universel : « Le plus beau traité de paix dont l'histoire ait parlé est, je crois, celui que Gélon fit avec les carthaginois. Il voulut qu'ils abolissent la coutume d'immoler leurs enfants. Chose admirable ! Après avoir défait trois cent mille Carthaginois, il exigeoit une condition qui n'étoit utile qu'à eux, ou plutôt il stipuloit pour le genre humain »[3]. Il y aurait bien un fonds commun de l'humanité entendu comme grammaire pure des rapports sociaux humains que chaque civilisation a à exprimer de manière stylisée. Chaque civilisation serait donc la contextualisation de ce fonds commun de schèmes transcentandaux objectifs de la vie sociale. Il est même possible de franchir un pas supplémentaire en invoquant un objectivisme sémantique : malgré la multitude des langues, l'humanité

1. Montesquieu, « *De l'Esprit des lois*, I, 1 », *Œuvres complètes*, II, « Bibliothèque de la Pléiade », Paris, Gallimard, 1951, p. 233. Sur cette problématique, *cf.* notre ouvrage : *Montesquieu et la liberté*, Paris, Hermann, 2010.

2. Il s'agit donc de schèmes transcendantaux ou d'archétypes matriciels, au sens de Jung.

3. Montesquieu, « *De l'Esprit des lois*, I, 1 », *op. cit.*, X, 5, p. 381-383.

dispose d'un « trésor commun de pensées ». La traduction apparaît alors légitime, car il ne s'agit pas simplement de saisir et de transmettre des représentations, mais bel et bien un sens. Les problèmes que se pose l'humanité – tant du point de vue de la connaissance que du point de vue de l'action – ont une réalité objective, une réalité en soi, vis-à-vis de laquelle chaque civilisation est tour à tour confrontée. Nous retrouvons ici la thèse de Frege pour qui : « La pensée n'est pas aussi particulièrement propre à ceux qui la pensent que la représentation à ceux qui se la représentent : elle se tient en face de tous ceux qui la conçoivent, toujours de la même manière et identique à elle-même »[1]. Certes, chez l'être humain, l'activité de pensée est toujours mêlée à la représentation et au sentiment qui lui donnent une coloration particulière[2] : elle s'articule alors toujours sur un porteur, un sujet plus ou moins conscient lui-même immergé dans un tout social. Dans ce cas, l'activité de pensée présente donc toujours un tour particulier et est sujette à varier, comme le montrent les différences linguistiques, mais celles-ci sont vouées à se recouper : « En voyant que le vêtement linguistique de la pensée n'est pas constant, on apprend à le séparer plus clairement du noyau avec lequel il paraît s'être développé dans un langage donné. C'est ainsi que la diversité des langues facilite l'appréhension de ce qui est logique »[3]. Les pensées ne sont donc pas inventées par nous, mais découvertes : le relativisme et le constructivisme – souvent étroitement mêlés – sont ici congédiés. L'univers du sens ne peut se réduire ni à une réalité linguistique, ni à une

---

1. G. Frege, *Écrits posthumes*, Paris, Chambon, 1994, p. 157.
2. Cependant, même les valeurs éthiques présentent une objectivité au-delà des intérêts et des émotions de l'agent, *cf.* M. Scheler, *Le Formalisme en éthique et l'éthique matérielle des valeurs*, Paris, Gallimard, 1955.
3. G. Frege, *Écrits posthumes*, *op. cit.*, p. 167.

réalité psychologique. La thèse ultime de Frege est qu'il existe un « troisième royaume », entre les représentations et les choses, constituant une sphère d'idéalités totalement objectives, et surplombant la réalité empirique circonstancielle. Cette thèse a été reprise par Karl Popper : « Nous sommes en droit de distinguer les trois mondes ou univers suivants : premièrement, le monde des objets physiques ou des états physiques ; deuxièmement, le monde des états de conscience, ou des états mentaux, ou peut-être des dispositions comportementales à l'action ; et troisièmement, le monde des contenus objectifs de pensée »[1]. Même si ce troisième monde s'articule nécessairement sur l'existence d'hommes qui s'activent dans leurs contextes socio-culturels, il possède sa propre autonomie et oppose aux individus ou groupes humains la résistance objective des problèmes qu'il recèle[2]. Nous découvrons alors, au-delà du réalisme naïf, l'épaisseur ontologique des la nature des choses de l'esprit objectif. L'enjeu de la civilisation est alors non seulement la reconnaissance de cette réalité supérieure de l'esprit, mais encore la reconnaissance des domaines divers et relativement autonomes de cette réalité qui correspondent à l'autonomie des divers secteurs de la vie humaine, comme la politique, l'économie, la morale, la religion, l'art, et aux invariants spécifiques qui les caractérisent.

1. K. Popper, « *Une épistémologie sans sujet connaissant* » dans *La Connaissance objective*, Paris, Aubier, 1991, p. 181-182 : « Ce qui ressemble de plus près à mon troisième monde, c'est l'univers des contenus objectifs de Frege ».

2. Prenons un exemple : la pythagoricité du triangle rectangle ne se réduit pas à la célèbre version démonstrative historique qui en a été donnée par Pythagore, mais repose sur la propriété beaucoup plus profonde de similitude entre les figures tracées sur les côtés de l'angle droit : celle-ci constitue sa cause nouménale. *Cf.* Bachelard, *Le Rationalisme appliqué*, Paris, P.U.F., 1966, p. 86-97.

Le dépli du sens s'effectue entre ces différents domaines origi-
naires et toute civilisation régresse quand apparaît le déni de
l'autonomie respective de chacun d'eux. Alors que la culture
est la réponse à une « dette de sens » qui caractérise l'homme,
la civilisation va plus loin en opérant ce dépli du sens en
autant de champs autonomes qui constituent les véritables
« provinces spirituelles » auxquelles l'universelle condition
humaine peut se référer. A l'opposé, la dénégation de cette
déhiscence est la marque d'un repli obscurantiste [1].

Ainsi, les civilisations peuvent être différentes et variées,
elles présentent cependant toujours des noyaux communs
objectifs qui interdisent de verser dans un relativisme cynique.
Cette variation des civilisations sur fond d'invariants n'est pas
seulement d'ordre spatial, mais aussi temporel. On s'est inter-
rogé sur le fait que des civilisations soient mortelles, qu'elles
soient vouées à apparaître et à disparaître. La conception
oscillatoire du temps historique intègre déjà l'idée d'une décadence, voire d'une mort des civilisations. Pourtant, à l'inquié-
tude existentielle de Paul Valéry : « Nous autres, civilisations,
nous savons maintenant que nous sommes mortelles » [2], Roger
Caillois avait répondu de manière plus optimiste en soulignant
que les civilisations disparues survivent toujours à travers
d'autres : « Nous autres civilisations, nous avons depuis peu la
certitude que nous ne pourrons jamais entièrement disparaître
et que nos cendres sont fécondes. Le temps est passé où les

1. Nous en trouvons l'exemple chez Carl Schmitt qui critique la notion de
civilisation : cf. *La Notion de politique*, Paris, Calmann-Lévy, 1972, p. 62 et
p. 118-120 (*cf.* L. Strauss, *Commentaire de la notion de politique de Carl
Schmitt*, dans H. Meier, *Carl Schmitt, Léo Strauss*, Paris, Commentaire-
Julliard, 1988). Tout intégrisme religieux participe du même type de
dénégation.

2. P. Valéry, *La Crise de l'esprit*, Paris, Galllimard, 1919.

civilisations étaient mortelles »[1]. Cependant, la survie des civilisations n'est pas inconditionnée. Karl Popper reprend à son tour la question de la disparition possible des civilisations et évoque deux expériences de pensée. Dans un premier cas, il imagine que toutes nos machines et tous nos outils sont détruits, et avec eux toute notre connaissance subjective des machines et des outils : mais si les bibliothèques ont survécu, ainsi que notre capacité à en tirer des connaissances, une civilisation pourra repartir à nouveau. En revanche, dans le second cas, si tout est détruit, y compris les bibliothèques, et que la capacité à tirer des connaissances de la lecture de livres est devenue inutile : « Il n'y aura aucune renaissance de notre civilisation avant de nombreux millénaires »[2]. Les bibliothèques donnent ici un aperçu de l'importance de la réalité et du degré d'autonomie du troisième monde, sur lequel toute civilisation humaine se trouve ombiliquée et dont chacune constitue un angle de réfraction[3]. S'il existe bien un esprit objectif de l'humanité, celui-ci n'a rien d'un esprit absolu : il reste tributaire des sujets humains et des artefacts qu'ils édifient. Il n'est donc accessible qu'à travers une expérience historique et concrète de civilisation. L'esprit objectif de l'humanité ne se dresse qu'à travers l'arc-en-ciel des civilisations particulières qui en assurent la réfraction.

---

1. Cité par D. de Rougemont, *Lettre ouverte aux Européens*, Paris, Albin Michel, 1970.

2. K. Popper, « *Une épistémologie sans sujet connaissant* », *op. cit.*, p. 183-184.

3. Le texte de Popper, dans *La Connaissance objective*, reprend un texte précédent : cf. *La Société ouverte et ses ennemis*, Paris, Seuil, 1979, t. II, p. 74-75.

CHAPITRE IV

LA CIVILISATION COMME PROCÈS RÉFLEXIF

Si la civilisation peut être définie comme un processus, celui-ci n'a rien de l'évidence d'un progrès unilinéaire s'écoulant chronologiquement : ce processus renvoie plutôt à une logique d'approfondissement de soi, qui passe par le dépassement critique d'une appartenance culturelle simplement subie. La civilisation peut alors être définie comme l'expérience même de ce processus réflexif qui permet de s'élever au-dessus de sa propre culture maternelle pour retrouver la part d'universalité qu'elle recèle, enfouie au cœur même de sa particularité. Comme l'a vu Hegel, la civilisation ne se confond pas avec la simple culture héritée, mais correspond à l'émancipation de l'être-pour-soi véritable de la singularité subjective, qui apparaît comme l'expérience concrète du dépassement de la tension entre l'universalité et la particularité qui taraude toute culture humaine.

La culture maternelle comme substance éthique

Si la civilisation se définit d'abord comme l'effort de l'homme pour s'élever au-dessus du donné immédiat et s'affranchir de sa condition animale, il n'en reste pas moins que la confrontation avec la nature apparaît comme la

première cause de diffraction des formations culturelles.
L'humanité ne se réalise jamais de manière abstraite[1] : la
fonction proprement humaine de symbolisation ne s'actualise
nécessairement que de façon particulière. La compétence universelle de l'homme tend nécessairement à se différencier en
se donnant des contenus concrets[2]. La variabilité et la mobilité
de cette compétence symbolique sont les contre-parties de sa
créativité, de son inventivité. C'est pourquoi, la culture humaine est aussi l'univers de la convention et présente donc un
caractère relatif. Ainsi, la compétence langagière se concrétise
toujours dans des langues particulières qui constituent autant
de systèmes de signes différents, et chaque signe linguistique
repose sur un rapport conventionnel et arbitraire qui témoigne
de la liberté de l'esprit humain. Mais cette liberté n'est pas
absolue : elle s'expérimente toujours circonstanciellement
dans la confrontation avec une extériorité qui nécessairement lui résiste. Chaque culture affirme sa détermination
particulière par une différence en regard d'autre chose
qu'elle : cette « autre chose » est justement la nature dans ses
aspects multiples qui marque du sceau de la finitude la
liberté humaine. Toute culture humaine renvoie à ce que
Montesquieu a appelé « la nature des choses » : « Les lois
sont les rapports nécessaires qui dérivent de la nature des
choses »[3]. Montesquieu pointe ici le rôle du climat, de la

---

1. Hegel a su distinguer l'universalité de l'abstraction : cf. *Science de la
logique, Doctrine du concept*, Paris, Aubier, 1981, II, p. 73.

2. Il faut mettre en parallèle les textes de Cassirer et ceux de Hegel et
relever leur convergence : dans *Philosophie des formes symboliques,
Introduction et exposition du problème*, Paris, Minuit, 1972, I, p. 58, Cassirer
fait écho à ce qu'affirmait Hegel, cf. *Science de la logique, Doctrine du concept*,
Paris, Aubier, 1981, II, p. 74.

3. Montesquieu, *De l'Esprit des lois*, Livre I, chap. 1, *op. cit.*, p. 232.

nature du terrain, de l'étendue du territoire, de la densité démographique, etc. Certes, si la nature est dans les choses humaines, celles-ci ne sont pas toutes dans la nature, mais leur intrication fait que l'esprit universel des lois s'incarne toujours dans ce que Montesquieu appelle « l'esprit d'une nation ». Hegel s'inspirera de ces analyses : « L'esprit ne peut, en effet, acquérir sa réalité effective, sans se diviser lui-même, sans se donner dans les besoins naturels et dans la relation à cette nécessité extérieure cette limitation et cette finitude, sans qu'enfin il se forme en s'y insérant, la dépasse et obtienne ainsi une existence empirique objective »[1]. L'homme fait toujours l'expérience de son humanité dans une culture particulière qui lui est familière. Il est donc cet être vivant capable d'une « seconde naissance », dans la mesure où il est façonné par ce que Montesquieu appelait déjà les mœurs et qui devient chez Hegel la *Sittlichkeit* : « L'habitude de cette vie éthique devient une seconde nature qui, ayant pris la place de la volonté primitive purement naturelle, est l'âme, le sens et la réalité de l'existence empirique des individus »[2]. En additif, Hegel précise encore, à propos de cette vie éthique qui constitue l'élément même de la culture : « Elle considère l'homme comme un être naturel et montre la voie pour le faire naître à nouveau, pour transformer sa première nature en une seconde qui est spirituelle, de telle sorte que cet élément spirituel devienne pour lui une habitude ». Ainsi, la culture – au sens ethnologique – se transmet sous sa forme la plus répandue par le pouvoir de la coutume. Œuvre de l'esprit qui se confronte avec la nature, la culture présente paradoxalement un caractère de naturalité :

---

1. Hegel, *Principes de la philosophie du droit*, § 187 Rem., Paris, Vrin, 1986, p. 218.
2. *Ibid.*, § 151, p. 195-196.

elle se transmet donc d'abord de manière irréfléchie. La
coutume forme par imprégnation : nos croyances et même les
postures de notre corps sont tributaires de codes culturels[1].
L'homme s'arrache à la nature, mais se retrouve toujours dans
un état d'immersion, par rapport à une culture donnée dont il
hérite. Soumis à des *habitus* culturels, il apparaît donc comme
un être sous influence : toute production de l'homme par la
culture est toujours d'abord une « reproduction » d'*habitus*.
Les mœurs ne sont pas mécaniques comme peuvent l'être les
causes strictement physiques, mais elles ne sont pas non plus
établies consciemment : elles sont « inspirées » et exercent une
puissance diffuse. La notion même d'influence évoque,
d'abord, l'idée d'insensible pression, que nous retrouvons
dans l'histoire de la notion de mœurs : celle-ci vient du latin
mores et désigne toutes les conduites qui relèvent de l'usage.
En grec, comme le soulignait Aristote, l'*êthos* avec un « *êta* »
désigne le caractère moral forgé par l'habitude qui elle-même
renvoie à *éthos* avec un « *epsilonn* » : « La vertu morale *[...]* est
le produit de l'habitude, d'où lui est venu son nom, par une
légère modification de *éthos*. Et par suite il est également
évident qu'aucune des vertus morales n'est engendrée en nous
naturellement »[2]. Aristote opérait un jeu de mots entre *êthikê*
et *éthos*, puisque selon que l'on remplace le « *é* » bref – la lettre
epsilonn – par le « *ê* » long – la lettre *êta* –, le mot signifie
soit « habitude », soit « caractère moral ». L'habitude elle-
même vise à produire une *héxis*, c'est-à-dire une disposition
permanente, un état d'esprit. Comme l'indique l'étymologie,
l'influence s'exerce à la manière d'un fluide que confirme la

---

1. *Cf*. M. Mauss, « Les Techniques du corps » dans *Sociologie et
anthropologie*, Paris, P.U.F., 1973, p. 365-387.

2. Aristote, *Ethique à Nicomaque*, II, 1, trad. fr., J. Tricot, Paris, Vrin,
1967, p. 87.

métaphore de l'immersion. Ainsi, tout homme baigne dans une culture maternelle qui lui procure sa première identité, à son insu, sans y réfléchir. Si l'homme est toujours culturellement situé, ce conditionnement ne fait pas nécessairement obstacle à sa liberté, mais en constitue plutôt l'enracinement et le levier, puisque les traditions sont déjà l'œuvre de l'activité de l'esprit objectif. Nous sommes tous l'enfant d'une tradition, mais celle-ci peut aussi se scléroser. Quand elle se pétrifie, elle devient alors une entrave : Hegel reconnaît lui-même que « l'homme meurt aussi du fait de l'habitude »[1]. Prise à la lettre, la tradition en vient à tuer l'esprit qui l'anime.

De la culture à la civilisation

La culture ne se réduit pas à n'être que substance éthique, c'est-à-dire un ensemble collectif de croyances, de valeurs, de conduites, de dispositions transmises par une tradition. La culture se définit également comme formation de soi-même qui nécessite à la fois de s'appuyer sur une culture trans-mise et de la repenser par soi-même pour s'affirmer en tant que personnalité : tel est bien le sens de la distinction en allemand entre la culture comme *Kultur* et comme *Bildung*. Hegel a insisté sur la nécessaire formation de soi qui suppose une réappropriation active de la culture ambiante, condition pour sortir du magma indifférencié de la nature[2]. La formation de soi permet à l'homme de dépasser son être-là naturel, de se nier comme représentant anonyme d'une espèce pour se réaliser comme personnalité véritable : « Si donc l'individualité est posée faussement dans la particularité de la nature et du

---

1. Hegel, *Principes de la philosophie du droit*, § 151, *op. cit.*, p. 196.
2. Hegel, *Phénoménologie de l'esprit*, IV, trad. Hyppolite, Paris, Aubier, 1981, II, p. 56.

caractère, c'est que dans le monde réel il n'y a pas d'individualités et de caractères, mais que les individus ont un être-là égal
l'un pour l'autre. Cette prétention d'individualité n'est que
l'être-là visé, qui ne parvient à aucune stabilité dans le monde
dans lequel ce qui renonce à soi seulement, et par conséquent
ce qui est universel, gagne l'effectivité. L'être visé passe donc
pour ce qu'il est, pour une *espèce* »[1]. Ainsi, la culture comme
formation de soi (*die Bildung*) permet surtout d'affirmer
sa singularité, mais cette singularité ne tourne pas le dos à
l'universel, puisqu'elle en est, au contraire, l'accomplissement le plus concret. Toute culture au sens ethnologique existe
effectivement sur le mode de la particularité, mais Hegel veut
souligner que l'expérience de la formation active de soi permet
d'aller au-delà de cette culture subie et vise l'affirmation de
l'identité singulière d'un homme, c'est-à-dire sa personnalité[2]. A condition d'être réappropriée de manière personnelle,
la culture offre la capacité à l'homme de se doter d'une véritable originalité que ne peut lui offrir ni la vie naturelle, ni la
simple répétition de la coutume comme seconde nature : elle
apparaît alors comme un approfondissement de l'universel,
c'est-à-dire son accomplissement concret. Pour Hegel, la
singularité n'est autre que la particularité qui fait retour à
l'universalité, c'est-à-dire de l'individu qui se forme sans se
complaire d'une manière paresseuse dans la particularité de sa
culture maternelle, mais qui, pour précisément affirmer son soi
propre, la passe au crible de l'universel, se souvient que la

1. *Ibid. Cf.* également trad. B. Bourgeois, Paris, Vrin, 2006, p. 427.
2. « L'universel a en lui la déterminité en général comme particularité ; en
second, comme négation de la négation, il est déterminité absolue, ou singularité ou concrétion... L'*universalité* et la *particularité* apparaissent comme les
moments du *devenir de la singularité* » Hegel, *Science de la logique, Doctrine
du concept*, Paris, Aubier, 1981, II, p. 93.

particularité de sa culture d'origine a été posée par celui-ci et l'inclut en soi comme son propre élément. Ainsi, la culture comme élévation à la personnalité est la concrétion de l'universel, qui en réalité se détourne un peu plus du mirage de l'abstraction. Cette élévation ne peut se faire, pour chacun d'entre nous, qu'en se réappropriant de façon volontaire notre culture particulière (*Kultur*) qui se présente sous sa forme immédiate comme une substance éthique, et ce afin de s'en nourrir et de la « digérer » spirituellement pour se former soi-même (*Bildung*) : « Certaine en même temps que ce monde est sa propre substance, la conscience de soi se met à s'en emparer. Elle atteint cette puissance sur lui grâce à la culture (*Bildung*), qui, de ce point de vue, se manifeste comme la conscience de soi se rendant adéquate à l'effectivité autant que le lui permet l'énergie du caractère et du talent. Ce qui se manifeste ici comme la force de l'individu, sous l'empire duquel tombe la substance devenant ainsi supprimée, est précisément la même chose que l'actualisation effective de cette substance *[...]* La culture (*Bildung*) et l'effectivité de l'individu est donc bien l'actualisation effective de la substance même »[1]. La culture comme formation de soi consiste donc dans un double mouvement : en aliénant sa certitude immédiate de soi, son être naturel, le soi se relie à l'universel, se fait lui-même substantiel par le biais de sa culture parti-culière – au sens ethnologique –, tandis qu'à l'inverse, par cette opération de formation de soi, le soi-même revivifie cette substance éthique qui, sans cette réappropriation active, pourrait voir se pétrifier son esprit et demeurer lettre morte. La substance éthique se définissait certes comme l'esprit qui est, mais grâce à la formation de soi de l'individu qui se cultive,

---

1. Hegel, *Phénoménologie de l'esprit*, *op. cit.*, p. 57.

elle devient l'esprit d'une culture qui se sait. Chaque domaine de savoir ou de savoir-faire ainsi réapproprié trouve alors une nouvelle vie : l'exemple extrême se trouve chez celui qui se forme aux langues mortes (latin ou grec) pour se les approprier et qui, ce faisant, redonne vie aux possibles qu'elles recèlent. La civilisation comme formation de soi de la personnalité puise ses ressources dans la culture comme substance éthique, mais en s'appropriant celle-ci, la personnalité formée met au jour l'universalisable qui taraude sa substance éthique et qui semblait jusque là occulté par le poids de traditions sédimentées. A la culture par simple influence qui risque toujours de se scléroser dans des traditions désuètes, se substitue la civilisation par formation réfléchie de l'individu en quête de personnalité qui accapare sa culture pour lui insuffler un souffle nouveau : ainsi en est-il déjà de la parole vivante et du discours, par rapport au système de la langue et à la vision du monde qu'elle véhicule. Hegel a résumé ce double mouvement d'*Entfremdung* : « La culture de l'individu, à cet égard rétrospectif, consiste vue de son côté, à acquérir ce donné, à consommer en lui-même sa nature inorganique et à en prendre possession pour soi. Or ceci revient tout aussi bien à dire que l'esprit universel ou la substance se donne sa conscience de soi ou son devenir et sa réflexion »[1]. Cet être inorganique est l'apparaître initial de la substance culturelle dans lequel l'individu se retrouve immergé, mais qu'il revivifie et redynamise en se formant. Entre la particularité de fait de la culture (*Kultur*) et l'affirmation de la singularité à laquelle aboutit la formation (*Bildung*), s'établit alors une distanciation critique qui est la marque d'une culture réfléchie – c'est-à-dire d'une

---

1. Hegel, *Phénoménologie de l'esprit*, *op. cit.*, Préface, § 28. *Cf.* également *PPD*, *op. cit.*, § 187, Rem, p. 219.

culture qui se réconcilie avec l'universel, en un mot d'une expérience de civilisation. En se formant, l'individu se nourrit de la substantialité de sa culture ambiante et peut se construire une personnalité, mais celle-ci pose nécessairement un regard nouveau sur la chaleur maternelle de ses préjugés initiaux. La civilisation tient donc dans cet écart qui se crée lorsque les individus se réapproprient leur culture ambiante et sont alors en mesure de rompre avec tout psittacisme. La civilisation consiste dans cet « étrangement » d'une culture vis-à-vis d'elle-même qui à la fois la revivifie et la soumet au jugement critique, puisque la formation se présente comme un processus de réflexion. L'individu ne peut plus alors se contenter de porter sa culture simplement à la semelle de ses souliers d'enfant. En introduisant la réflexion, la culture comme formation produit cette distanciation critique salutaire, propice à l'introduction d'éléments propres à d'autres cultures, et rend possible l'acculturation : celle-ci est pour chaque individu nouvellement accueilli une nouvelle naissance et pour le groupe social une renaissance possible. L'homme est alors capable de passer d'une communication intraculturelle irréfléchie à des échanges interculturels volontaires, dans la mesure où il prend conscience de l'universalité de l'activité de l'esprit humain à l'œuvre dans chaque civilisation. Le décalage qui s'instaure entre culture et civilisation n'est pas seulement propice à l'éclosion d'innovations en tous genres – techniques, artistiques, scientifiques, *etc.* –, mais aussi à la prise de conscience de l'apport fécond d'éléments appartenant à d'autres cultures, à d'autres visions et conceptions du monde. Alors que la culture traditionnelle peut clôturer l'homme dans le cercle étroit de croyances dispositionnelles figées, et provoquer une sorte d'autisme culturel, la civilisation témoigne plutôt d'une ouverture des mentalités et du dynamisme retrouvé de l'activité de l'esprit.

Progrès ou procès réflexif?

Ainsi, il appert que Hegel s'impose comme celui qui a pensé au plus près le processus qui va de la culture à la civilisation. Or, il théorise ce qui fait la spécificité de la civilisation sous le nom de « société civile » qui se caractérise comme cette sphère correspondant à l'émancipation de l'individu soucieux de conquérir sa personnalité et son autonomie, tant dans le domaine économique, éthique, religieux, etc. Très tôt, Hegel a souligné le bouleversement qu'a apporté l'émergence de la société civile et ce thème est demeuré au centre de sa réflexion philosophique[1]. Alors que « société civile » était une expression désignant – jusqu'au XVIIIe siècle – la société organisée politiquement en tant qu'État, Hegel est l'un des tous premiers à lui donner son acception contemporaine désignant la sphère des échanges non-politiques. Sous l'influence d'Adam Smith, Hegel a été très tôt sensibilisé au passage d'une société comme *Gemeinschaft*, c'est-à-dire comme communauté historique fondée sur la tradition, à une société comme *Gesellschaft*[2], c'est-à-dire à une société considérée comme une association d'individus autonomes procédant à des échanges conscients et réfléchis. Cependant, l'originalité de Hegel a consisté à repenser le problème de la civilisation sans en rester à des

1. *Cf.* Hegel, *La Philosophie de l'esprit*, 1805, Paris, P.U.F., 1982. Ce thème est repris dans *La Phénoménologie de l'esprit* de 1807 et tient une place fondamentale dans les *Principes de la philosophie du droit* de 1821.

2. La notion de *Gesellschaft* est centrale chez Hegel et celui-ci n'est en aucun cas un auteur qui en serait resté à la nostalgie d'une société holiste. La distinction entre *Gemeinschaft* et *Gesellschaft* que l'on attribue à Ferdinand Tönnies, avait également déjà été formulée par Lorenz von Stein.

considérations économiques. Il a fait de la culture entendue comme formation de soi la source de l'émancipation de l'individu vis-à-vis de la culture au sens ethnologique, c'est-à-dire conçue comme substance éthique fondée sur la coutume : le résultat de cette confrontation n'est autre que la société civile qui constitue le creuset de la civilisation. Aussi, chez Hegel, le progrès n'est pas la cause de la civilisation : en aucun cas, il ne souscrit au mythe du progrès tel qu'il s'était imposé au XVIIe et XVIIIe siècle et tel qu'il a été exploité aussi bien par des courants libéraux que socialistes. Si, à la différence de la notion de culture, la notion de civilisation se caractérise par la présence d'un suffixe en –*tion*, ce dernier ne renvoie pas pour Hegel à un simple progrès historique, mais d'abord à un procès réflexif. Hegel est le seul à avoir compris que si la civilisation veut correspondre à un véritable progrès, celui-ci suppose comme sa condition *sine qua non* un tel procès réflexif et critique, plutôt que d'entretenir le mirage d'un progrès qui nous forcerait à nager dans le sens du courant. Si la civilisation se réduisait à ceci, nul doute alors qu'elle ne serait qu'une vaste mystification idéologique pour occulter une réelle aliénation, au sens péjoratif du terme [1]. Le décalage entre culture et civilisation renvoie à la réappropriation critique par les individus de leur culture maternelle et à leur faculté de la repenser par eux-mêmes. Dès lors, nous comprenons que pour Hegel, le temps ne peut à lui seul commander l'accomplissement du travail conceptuel, mais qu'au contraire ce dernier constitue la véritable puissance du temps [2] et lui impose un tour hélicoïdal, comme une hélice tournant autour d'un tore. Le progrès

1. Sur la discussion de ce thème, cf. *Autour du Malaise dans la culture de Freud*, J. le Rider, M. Plon, G. Raulet, H. Rey-Flaud, Paris, P.U.F., 1998.
2. *Cf.* Hegel, *Encyclopédie des sciences de la nature, II, Philosophie de la nature*, Paris, Vrin, 2004, p. 198.

n'avance pas de lui-même[1] ou sinon il ne présente ni sens ni valeur véritables : seul le passage au crible de notre culture traditionnelle peut permettre de progresser moralement et politiquement.

Il reste enfin à souligner que cette tension interne entre culture et civilisation n'est en aucun cas absente des sociétés dites « sauvages » : si la civilisation se caractérise par le désir réciproque des membres d'une collectivité de faire reconnaître leur personnalité acquise et conquise, les sociétés sauvages en témoignent elles aussi. Le désir de reconnaissance est anthropogène[2]. Même les sociétés sauvages portent en elles cette tension qu'elles soumettent à un traitement spécifique, mais qu'elles n'ignorent pas[3]. Comme l'a montré Pierre Clastres[4], cette dynamique qui taraude les sociétés humaines archaïques révèle que les notions d'individualité personnalisée, de conscience politique et de souci d'acculturation ne sont absolument pas absentes chez elles. Ainsi, nous savons depuis longtemps que les sociétés sauvages étaient aussi traversées par la lutte pour la reconnaissance. Rousseau avait insisté sur la logique de l'honneur à l'œuvre dans ce type de cultures : « De là sortirent les premiers devoirs de la civilité, même parmi les Sauvages, et de là tout tort volontaire devint un outrage, parce qu'avec le mal qui résultait de l'injure, l'offensé

---

1. Comme l'avait cru Turgot : « Les arts mécaniques se perfectionnaient par cela seul que le temps s'écoulait », *op. cit.*, p. 608.

2. Il a été développé surtout chez Hegel et réactualisé par Axel Honneth : cf. *La Lutte pour la reconnaissance*, Paris, Le Cerf, 2010.

3. *Cf.* M. Mauss, les passages sur le *potlatch* dans *Sociologie et anthropologie*, II, Paris, P.U.F., 1973.

4. *Cf.* P. Clastres, *La Société contre l'État*, Paris, Minuit, 1974 et M. Gauchet, *La Condition politique*, Paris, Tel-Gallimard, 2005. Pour Pierre Clastres, les sociétés sauvages sont peut-être des sociétés sans État, mais non sans politique.

y voyait le mépris de sa personne souvent plus insupportable que le mal même »[1]. La logique de la considération qui y règne exprime cette lutte pour la reconnaissance, caractéristique du processus par lequel l'homme veut attester de sa dignité. Certes, dans les sociétés archaïques, les garanties institutionnelles de la reconnaissance des personnes individuelles ne sont pas présentes, mais l'exigence même de reconnaissance taraude leurs mœurs, comme dans toute société humaine. A l'inverse, dans les États modernes, les institutions juridiques et politiques sont censées garantir la reconnaissance des personnes, mais elles en restent à une conception strictement formelle et abstraite de la citoyenneté : la personnalité comme processus d'approfondissement culturel et symbolique n'y est pas prise en compte. Avec la lutte pour la reconnaissance, l'opinion comme croyance individuelle prend le pas sur le mythe comme croyance collective[2]. Le processus de civilisation survient quand « l'individu peut s'apparaître à lui-même comme se fuyant dans le social et se confirmant dans l'opposition au social »[3]. Lorsque les individus sont en mesure de prétendre à une personnalité, ils entrent en relations polémiques, veulent redéfinir leurs rapports, et en le faisant, transforment leur être-ensemble. Ce jeu de relations qui s'affranchit de toute viscosité substantielle trouve son expression la plus haute dans l'expérience politique. C'est de cette façon que les individus infléchissent la spécificité de leur culture ou de leur groupe de cultures pour lui donner un style, qui n'est alors – selon Simondon – que l'œuvre de la

1. J-J. Rousseau, *Discours sur l'origine et les fondements de l'inégalité parmi les hommes*, Paris, GF-Flammarion, 2008, p. 117.

2. *Cf.* G. Simondon, *L'Individuation psychique et collective*, Paris, Aubier, 2007, p. 186-188.

3. G. Simondon, *L'Individuation psychique et collective*, *op. cit.*, p. 176.

« transindividuation » : « Ce n'est pas le groupe qui apporte à l'être individuel une personnalité toute faite comme un manteau taillé d'avance. Ce n'est pas l'individu, qui, avec une personnalité déjà constituée, s'approche d'autres individus ayant la même personnalité que lui pour constituer avec eux un groupe. Il faut partir de l'opération d'individuation du groupe, en laquelle les êtres individuels sont à la fois milieu et agents d'une syncristallisation ; le groupe est une syncristallisation de plusieurs êtres individuels, et c'est le résultat de cette syncristallisation qui est la personnalité de groupe »[1]. Une individuation personnelle participe en même temps du processus d'individuation collective : l'individuation personnelle est un processus qui ne se concrétise qu'en contribuant à l'individuation du groupe. Ainsi, ce qui fait la particularité d'une civilisation peut être conditionné par des facteurs physiques objectifs nécessairement subis, mais l'homme ne se contente pas de subir les pesanteurs d'une contextualisation : la singularité véritable d'une civilisation correspond plutôt à une individuation collective mûrie, parce qu'elle est le fruit du travail réflexif de ses membres. Le style d'individuation collective d'une civilisation est ici la résultante du degré d'individuation personnelle effectué par chacun et par tous. La mode, par exemple, est déjà un micro-processus de transindividuation, qui ne peut exister que dans un contexte de civilisation ; mais la démocratie est l'expérience la plus accomplie de transindividuation et ce n'est que sous sa forme démocratique que l'État peut opérer la « transduction » de cette expérience[2]. Une

---

1. G. Simondon, *L'Individuation psychique et collective*, *op. cit.*, p. 183.

2. Sur les rapports entre État et démocratie, *cf.* notre ouvrage *Qu'est-ce que l'État ?* Paris, Vrin, 2ᵉ éd., 2012. Sur la notion de transduction, *cf.* G. Simondon, *L'Individuation à la lumière des notions de forme et d'information*, Paris, Millon, 2005, p. 32-33.

civilisation est toujours en même temps la reprise critique des acquis d'une culture maternelle particulière et la contextualisation empirique des principes humains universels de toute vie civilisée. L'ajustement entre les deux exigences ne va jamais de soi et demeure l'enjeu d'une expérience spécifiquement politique, qui est la marque d'une conscience sociale réfléchie.

Le jeu intersubjectif de l'opinion est la condition nécessaire pour assurer, dans un contexte particulier, une réfraction légitime des grands présupposés humains propres à toute civilisation. Déjà, dans les sociétés sans État mais non sans politique, le choix de considérer l'étranger comme *hospes* plutôt que comme *hostis* – de privilégier l'hospitalité à l'hostilité – témoigne de cette réflexion critique. Dans les sociétés dotées d'un État, l'esprit d'une civilisation tend à favoriser les rapports institutionnels inter-étatiques pour opérer la transduction de cette réfraction sous un angle plus large. Car le droit à la différence ne peut être laissé à l'arbitraire des individus, mais requiert une transcription politique. Ainsi, le processus de civilisation se noue dans la tension entre diffraction irréductible entre aires de civilisations et exigence de réfraction d'exigences déontiques fondamentales et universelles : il s'expérimente dans le rôle joué par les représentants d'une culture quand, arrivés à la conscience d'eux-mêmes, ils se révèlent capables d'infléchir le destin de leur communauté et de raisonner en termes d'horizons plutôt que de frontières.

CIVILISATION ET BARBARIE

Les musées les plus prestigieux exposent des trésors culturels qui sont autant de signes ostentatoires de l'impérialisme des nations les plus policées. Ainsi, Walter Benjamin affirmait qu'« il n'est pas de témoignage de culture qui ne soit en même temps un témoignage de barbarie »[1]. Si l'on considère la barbarie comme « rudiment », comme absence de développement suffisant de la civilisation, il peut aussi exister une barbarie comme « ruine », comme délabrement d'une civilisation corrompue[2]. A première vue, la barbarie se présente dans un rapport d'extériorité absolue vis-à-vis de la civilisation : elle est perçue comme ce qui résulte de l'absence de toute civilisation. Mais la barbarie apparaît également dans un rapport d'extériorité relative entre les civilisations elles-mêmes, quand chacune opère la dénégation des autres. Enfin et surtout, la barbarie peut être située dans un rapport

1. W. Benjamin, « *Sur le concept d'histoire* », VII, dans *Œuvres* III, Paris, Folio-Gallimard, 2000, p. 433.
2. Pour une analyse précise de la notion de barbarie, *cf.* R. Kosseleck, *Le Futur passé*, Paris, EHESS, 1990, p. 191-232.

d'intériorité propre à une civilisation, comme étant alors directement engendrée par elle.

La condition humaine implique un processus de formation et de civilisation pour s'élever au-dessus de la nature, et donc l'établissement de règles déontiques qui rendent possible la vie au milieu des autres. Cependant, l'homme est aussi souvent enclin à considérer comme relevant également de la nature des conduites étrangères qui ne se réfèrent pas moins à d'autres règles et témoignent de l'appartenance à une culture autre que la sienne. Il est toujours tentant de rejeter dans la nature les traits d'une culture différente qui, s'ils étaient reconnus comme tels, remettraient en cause un ordre culturel auquel une valeur absolue était jusqu'alors accordée. Ainsi, l'accusation de barbarie pourrait être aussi l'effet d'un aveuglement ethnocentrique. Lévi-Strauss a résumé cette attitude par une formule célèbre : « Le barbare, c'est d'abord l'homme qui croit à la barbarie »[1]. Mais en réduisant de cette sorte le problème à une faute de jugement, à une croyance erronée, il semble bien que nous ayons tendance encore à l'euphémiser. Car, la barbarie désigne aussi des comportements objectivement abjects qui nous font découvrir la réalité effective du mal moral, qui va au-delà du problème de la persistance de l'animalité en nous. Le paradoxe est que ces comportements sont le fait d'êtres humains qui peuvent en même temps être les représentants de civilisations très développées, comme ce fut le cas à Auschwitz. Ainsi, la barbarie s'avère pouvoir être inhérente à la civilisation elle-même : en devenant le vecteur du mal moral, celle-ci témoignerait alors de la perversité possible de l'homme même.

---

1. Cl. Lévi-Strauss, *Anthropologie structurale II*, *op. cit.*, p. 384.

Le progrès technique n'est pas le garant du progrès moral, il peut même aller à son encontre. Cette méfiance vis-à-vis de ce que l'on appelle la « civilisation matérielle » s'exprime très tôt chez Rousseau qui nous a appris par toute son œuvre que le progrès des sciences et des arts ne rend pas nécessairement les hommes plus vertueux. Rousseau stigmatisait l'homme civilisé qu'il appelait « l'homme de l'homme » pour souligner son artificialité, guidée par l'amour propre, au point de le rendre insensible à la compassion et de faire de lui un impitoyable « ennemi du genre humain ». Kant souscrit à une telle analyse : « Nous sommes *cultivés* au plus haut degré par l'art et par la science. Nous sommes *civilisés*, jusqu'à en être accablés, par la politesse et les bienséances sociales de toute sorte. Mais nous sommes encore loin de pouvoir nous tenir pour déjà *moralisés*. Si en effet l'idée de la moralité appartient bien à la culture, la mise en pratique de cette idée qui n'aboutit qu'à une apparence de moralité dans l'amour de l'honneur et la bienséance extérieure, constitue simplement la civilisation »[1]. Ainsi se pose spécifiquement la question éthique des performances du progrès technique. L'homme est à la fois un être de *praxis* comme action éthique, mais aussi de *poiésis* comme fabrication technique : il se doit à la fois d'agir sur lui-même, de manière intransitive, pour s'édifier moralement, mais aussi agir sur la nature, de manière transitive, pour produire les artefacts susceptibles d'aménager un monde spécifiquement humain. Mais si le travail sur soi de la *praxis* peut toujours sembler insuffisant pour lutter contre la capacité propre à l'homme à commettre intentionnellement le mal, le problème n'est pas seulement celui d'un décalage entre ce déficit moral

---

1. Kant, *Idée d'une histoire universelle au point de vue cosmopolitique*, *op. cit.*, p. 21.

de l'homme et les prouesses de ses capacités techniques. Même si celles-ci ont pour but le bien-être de l'homme en tant qu'il est toujours un être-au-monde, elles peuvent non seulement se mettre au service de la perversité de l'être humain, mais constituer déjà en elles-mêmes une source de déshumanisation. Alors que les catastrophes morales relèvent directement de la propension au mal chez l'homme, les prouesses technologiques dont s'honore la civilisation et qui ont pour objectif affiché un mieux-être de l'homme peuvent pourtant conduire à un retournement tragique, au point que la menace provient aujourd'hui moins des « pervers » que de personnes compétentes et relativement bien intentionnées[1] qui repoussent sans cesse les limites de la puissance scientifique, technologique ou économique... Ainsi, la priorité accordée à la puissance de la *poiésis*, réglée sur l'efficience technique, peut elle-même provoquer la destruction des dispositifs symboliques qui fondent la condition humaine.

L'humanité de l'homme ne peut s'accomplir qu'au sein d'un monde constitué de formes symboliques qui se démarquent des lois de la nature. Si le comportement de l'animal se caractérise par des réactions à des stimuli, l'homme est celui qui substitue des réponses à ces réactions. Dans la nature, tout organisme, fût-il le plus simple, est ajusté exactement à son milieu. En revanche, chez l'homme, entre les systèmes récepteur et effecteur propres à toute espèce animale existe un troisième chaînon que l'on peut appeler « système symbolique » : il donne une nouvelle dimension à la réalité et commande le dépli du sens. L'homme opère donc un renversement de

---

1. « Les monstres existent, mais ils sont trop peu nombreux pour être vraiment dangereux. Ceux qui sont les plus dangereux, ce sont les hommes ordinaires, les fonctionnaires prêts à croire et à obéir sans discuter », P. Lévi, *Si c'est un homme*, Paris, Presses-Pocket, p. 212.

l'ordre naturel : il ne vit plus dans un univers purement matériel, mais dans un univers symbolique qui répond à la « dette de sens » qui le taraude. L'homme introduit des médiations entre lui et la nature parce qu'il ne peut vivre qu'en investissant de significations ses différentes conduites : « Le signal est un élément de l'univers physique de l'être, le symbole un élément de l'univers du sens » écrit Cassirer[1]. C'est pourquoi ce dernier définit l'homme comme un *animal symbolicum* plutôt que comme un *animal rationale*. Une civilisation peut donc être fondamentalement définie comme un trésor de systèmes symboliques partagés. Grâce à ces dispositifs symboliques, les puissances spirituelles s'ordonnent en un monde et se maintiennent de par leur objectivité.

La barbarie s'enracine alors dans la désymbolisation, parce que celle-ci apparaît toujours comme une régression. Mais cette désymbolisation peut présenter plusieurs causes. Elle peut témoigner d'une involution contingente qui conduit, sur le plan individuel, à la folie nihiliste. Ainsi, en est-il de la violence de Médée ou de la passion amoureuse de Romeo et Juliette qui en viennent à vouloir renoncer à leur nom propre, et donc à leur place dans le monde humain[2] : cette mort civile annonce déjà leur mort physique. Le nom propre fournit effectivement une désignation rigide[3] et se présente comme une expression saturée qui est attachée à un objet singulier : « La référence d'un nom propre est l'objet même que nous désignons par ce nom »[4]. En ce sens, le nom propre dénote,

1. *Cf.* E. Cassirer, *Essai sur l'homme*, chap. 2, Paris, Minuit, 1975, p. 41-45.

2. *Cf.* Shakespeare, *Romeo et Juliette*, Acte II, scène 2.

3. Kripke pense le nom propre comme un « désignateur rigide » : *Cf. La Logique des noms propres*, Paris, Minuit, 1982, p. 166.

4. G. Frege, *Sens et dénotation*, *op. cit.*, p. 106.

mais ne connote pas. Même s'il relève d'un montage institutionnel (l'état civil), le nom propre présente donc un enjeu ontologique. Dès lors, l'abandon du nom propre conduit à une déréalisation de l'homme, *a fortiori* quand il est le fruit d'un système politique. La littérature de la dystopie – genre de roman d'hypothèse qui se rapproche de *l'If fiction*[1] – en fournit de nombreux exemple[2]. En perdant leur nom propre, les personnages perdent toute propriété essentielle : les êtres humains deviennent ainsi interchangeables, commutatifs. Leur nouveau nom n'est plus qu'un désignateur accidentel, et non rigide, renvoyant à un rang ou à une espèce. Nous assistons au triomphe de « l'homme sans qualités ». En devenant un numéro, le nom est dé-rigidifié. Le nom propre est ce qui fait pénétrer l'individu dans le langage, par sa fonction de désignateur rigide : c'est donc en minant cette rigidité qu'un État totalitaire peut atteindre en profondeur la réalité même des êtres qu'il tend à dominer, voire à éliminer. Avec l'altération du nom propre dont la fonction est de nous distinguer d'avec les autres, il s'agit toujours de « dissoudre le *je* dans la masse »[3]. Ainsi l'histoire tragique des hommes confirme ce que les romans de la dystopie ont voulu pointer : Hannah Arendt montre que les régimes totalitaires se caractérisaient par la dé-nationalisation des personnes jugées indésirables : « La "dénationalisation" devint une arme puissante entre les mains de la politique totalitaire »[4]. La dénationalisation provoque une altération de l'identité des personnes,

---

1. Cf. *The Man in the high castle* de Philip K. Dick, *Vintage Books*, 1992.

2. *Cf.* E. Zamiatine, *Nous Autres*, Paris, Gallimard, 1971. De même, chez G. Pérec, *W ou le souvenir d'enfance*, Paris, Gallimard, 1975, p. 134.

3. E. Faye, *Dans les laboratoires du pire*, Paris, José Corti, 1993, p. 85.

4. H. Arendt, « L'impérialisme » dans *Les origines du totalitarisme* II, Paris, Le Seuil, 1984, p. 242.

puisqu'elles ne sont plus reconnues comme légitimes dans leurs différences, quand elles sont privées de leur état civil. La proscription, la mort civile est une machine à fabriquer des barbares au cœur même de la civilisation : « Le danger mortel pour la civilisation n'est plus désormais un danger qui viendrait de l'extérieur *[...]* Même l'apparition des gouvernements totalitaires est un phénomène situé à l'intérieur, et non à l'extérieur de notre civilisation. Le danger est qu'une civilisation globale, coordonnée à l'échelle universelle, se mette un jour à produire des barbares nés de son propre sein à force d'avoir imposé à des millions de gens des conditions de vie qui, en dépit des apparences, sont les conditions des sauvages » [1].

La désymbolisation ne provient pas seulement d'une régression politique, mais peut-être engendrée par un type de civilisation hautement sophistiquée qui s'en remet à la rationalité technique, au détriment de tout autre considération. Max Weber distinguait déjà l'activité rationnelle par valeurs (*Wertrationalität*) et l'activité rationnelle par finalité (*Zweckrationalität*) [2]. La première relève d'une logique symbolique qui fait que l'on agit au nom de représentations d'exigences, de croyances en certains devoirs (moraux, politiques, religieux, *etc.*). En revanche, la rationalité par finalité n'est censée agir que par calcul d'intérêt : il s'agit de disposer les moyens les plus efficaces pour arriver à une fin. De son côté, Simmel appelle ce type d'activité orientée vers un but les « séries téléologiques » (*Zweckreihen*). Pour accomplir des buts, l'homme se préoccupe surtout d'élaborer des moyens,

---

1. H. Arendt, *L'impérialisme, op. cit.*, p. 292.
2. M. Weber, *Economie et société*, Paris, Pocket, I, p. 55-57.

des outils[1]. Au lieu d'être poussé par ses instincts comme l'animal, l'homme est donc animé par des projets qui impliquent de disposer de moyens techniques. A la différence également d'un Dieu qui n'a pas à recourir à des moyens techniques, l'homme est un «être indirect» : «L'homme est l'animal "fabriquant des outils", ce qui se relie évidemment au fait qu'il est aussi "l'animal s'assignant des fins". L'idée de moyen caractérise en général la position de l'homme dans le monde»[2]. La civilisation se mesurerait alors à la sophistication de ce développement technique. Mais, la rationalité par finalité tend à faire disparaître la rationalité par valeurs. L'hypertrophie du développement des moyens techniques favorise la désymbolisation des conduites. Dès lors, là où triomphe la rationalité technique, l'homme n'a plus qu'une fonction et non un statut. La recherche de l'efficience provoque une amplification des moyens et un obscurcissement des fins. Les fins elles-mêmes deviennent à leur tour des moyens en vue d'accomplir d'autres fins, lesquelles aussi deviendront de nouveaux moyens… L'homme lui-même n'a plus alors qu'un prix et non une dignité. Une civilisation peut donc se rendre extrêmement rationnelle du point de vue technique, mais entraîner le crépuscule des valeurs et provoquer la déréalisation non seulement de l'homme, mais aussi du monde lui-même en rendant tous les acquis humains fongibles. Bien plus, la civilisation post-moderne en vient à confondre la notion de fin et la notion de cible ou d'objectif. Certes, l'habileté technique n'est pas contestable en soi, en tant que l'homme est un être-au-monde, et elle peut même rester au service de la *praxis* comme action visant à s'accomplir soi-même. Ainsi,

---

1. G. Simmel, *Philosophie de l'argent*, Paris, P.U.F., 1999, p. 242.
2. *Ibid.*, p. 244-245.

l'archer qui s'exerce pour atteindre une cible ne le fait encore que pour s'accomplir lui-même comme bon archer et sa véritable fin est bien d'acquérir une bonne disposition qui définisse sa personnalité. Mais dans la civilisation post-moderne, la *Zweckrationalität* fait elle-même place à une *Zielrationalität*, à une rationalité de l'objectif totalement réductrice et envahissante, qui fait fi de toute autonomie des valeurs et de leur pluralité. La performance ciblée devient le seul critère de l'activité. L'*Homo oeconomicus utilis* se présente comme le modèle accompli d'une humanité prétendument « opérationnelle ». La subtilité est qu'il ne s'agit plus ici de procéder à la façon brutale des idéologies totalitaires, mais en instillant dans la conscience des individus atomisés le comportement idoine, afin qu'ils se construisent eux-mêmes selon cette logique désocialisée[1]. Dans cette perspective, il ne s'agit plus d'instituer des normes, mais de « conduire des conduites », de mettre en œuvre des procédés, des règles, des disciplines dont le critère n'est plus un idéal à atteindre, mais l'efficience. Comme l'a souligné Michel Foucault, « il faut plutôt voir dans les disciplines une sorte de contre-droit »[2]. L'idéal éthique de la maîtrise de soi est alors à ce point galvaudé qu'il se réduit strictement à celui d'un calcul des coûts qui relève exclusivement d'un entendement abstrait totalement décontextualisé.

Ainsi la civilisation peut développer une barbarie endogène qui en vient à prétendre se construire par éradication

1. Michel Foucault avait anticipé cette dérive en soulignant que l'objectif du néolibéralisme est « de substituer à chaque instant, à l'*homo oeconomicus* partenaire de l'échange, un entrepreneur de lui-même, étant à lui-même son propre capital, étant pour lui-même son propre producteur, étant pour lui-même la source de ses revenus » *Naissance de la Biopolitique*, Paris, Gallimard-Seuil, 2004, p. 232.

2. M. Foucault, *Surveiller et punir*, Paris, Gallimard, 1975, p. 224.

de la culture elle-même et par mépris pour la rationalité symbolique qui la fonde. Giambattista Vico avait pointé ce risque, en stigmatisant « les vieilles subtilités des intelligences malicieuses qui avaient fait d'eux des bêtes rendues encore plus cruelles par la barbarie de la réflexion que n'avait été cruelle la première barbarie des sens »[1]. La « barbarie de la réflexion » dont il est question ici n'est le fait que d'une « réflexion irréfléchie », celle de l'entendement abstrait qui fonctionne sur le modèle « décisionnel-opérationnel » et a perdu à la fois tout sens commun et tout sens critique.

1. G. Vico, *Principes d'une science nouvelle relative à la nature commune des nations*, Paris, Fayard, 2001, p. 537.

TEXTES ET COMMENTAIRES

perfectionnement l'a entraînée hors de la portée de l'usage immédiat. Ainsi, par exemple, la fabrication industrielle de bien des produits manufacturés peut suggérer celle de produits secondaires pour lesquels il n'existe pas vraiment de besoin; mais la nécessité contraignante d'utiliser à plein ces installations une fois créées, pousse à cette fabrication; la série technique exige, en elle-même, d'être complétée par des membres dont la série psychique, définitive à proprement parler, n'a pas besoin; ainsi naissent des offres de marchandises qui suscitent à leur tour des besoins artificiels et, du point de vue de la culture des sujets, insensés [...] Du point de vue de l'histoire de la civilisation, cela n'est qu'une manifestation particulière de cette croissance des contenus culturels, passant sur un terrain où ils sont stimulés et accueillis par d'autres forces et d'autres finalités que culturellement signifiantes et où, inévitablement, ils engendrent souvent des fleurs stériles. C'est le même motif formel qui opère, dans l'évolution artistique, lorsque le savoir technique grossit assez pour ne plus vouloir rester au service de la finalité culturelle globale de l'art. N'obéissant plus qu'à sa propre logique objective, la technique déploie raffinement sur raffinement, mais ce sont seulement ses perfectionnements à elle, et non plus ceux du sens culturel de l'art. Cette spécialisation abusive, que l'on déplore aujourd'hui dans tous les domaines du travail, et qui cependant, impitoyable et démoniaque, impose sa propre loi à leur développement, n'est qu'une forme spécifique de cette fatalité universelle qui pèse sur les éléments culturels: le développement des objets est soumis à sa propre logique – qui n'est ni dans le concept, ni dans la nature, mais seulement dans leur évolution en tant que produits culturels humains – et dans la conséquence de cette logique, ils s'écartent de la direction dans laquelle ils pourraient s'intégrer à l'évolution psychique individuelle des êtres humains. C'est pourquoi cette discrépance ne s'identifie nullement à celle soulignée, à savoir : les moyens prenant la valeur de buts finalisés, comme les cultures avancées nous en portent continuellement témoignage. En effet, cela est d'ordre purement psychologique, une accentuation due à des hasards ou des nécessités psychiques, et sans aucune relation ferme avec la cohésion objective des choses. Mais c'est précisément de cette dernière qu'il s'agit ici, de la logique immanente dans les mises en forme culturelles des objets ; l'être humain devient maintenant simplement le support de la contrainte par laquelle cette logique domine les évolutions et les porte plus loin, pour ainsi dire sur *la tangente* de l'orbite où elles pourraient réintégrer l'évolution culturelle de l'être vivant. Telle est la tragédie propre de la culture. Car, à la différence d'une fatalité toute de tristesse ou de destruction apportée de l'extérieur, nous qualifions de fatalité tragique ceci, à savoir : que les forces d'anéantissement dirigées contre une essence jaillissent précisément des couches les plus profondes de cette essence même ; qu'avec sa destruction un destin s'accomplisse ayant son origine en elle-même, et représente en quelque sorte le développement logique de la structure qui a justement permis à cette essence de construire sa propre positivité. Tel est le concept de toute culture, que l'esprit crée une entité objective autonome, par où passe l'évolution du sujet, allant de soi à soi. Mais par là même, cet élément intégrateur, marqueur de culture, est prédéterminé pour un développement spécifique, qui certes consomme bien toujours les énergies des sujets, et entraîne bien toujours des sujets dans sa propre orbite, mais sans pouvoir les mener au sommet d'eux-mêmes : le développement des sujets ne peut plus maintenant suivre la voie que prend celui des objets ; s'il la suit cependant, il s'égare dans une impasse ou sur un terrain vidé de la vie la plus intime et la plus spécifique.

Mais l'évolution de la culture place le sujet en dehors d'elle-même, plus positivement encore, par l'informel et l'illimité déjà évoqués plus haut, qui caractérisent l'esprit objectif du fait du nombre illimité de ses producteurs. Chacun peut apporter sa contribution à la réserve des contenus culturels objectivés, sans se soucier le moins du monde des autres contribuants; cette réserve prend à chaque époque culturelle une coloration précise, et donc de l'intérieur une limite qualitative, mais elle n'a jamais en même temps de limite quantitative : la réserve n'a pas de raison de ne pas s'accroître à l'infini, de ne pas aligner livre après livre, chef d'œuvre après chef d'œuvre, invention après invention; la forme de l'objectivité en tant que telle possède une capacité illimitée de réalisations. Mais avec cette capacité pour ainsi dire inorganique d'accumulation, elle devient, au plus profond, incommensurable avec la forme de vie individuelle. Car la capacité de réception de cette dernière n'est pas seulement limitée selon sa force et sa durée de vie, mais également par une certaine unité de relative clôture de sa forme; c'est pourquoi elle opère un choix, dans un espace déterminé, parmi les contenus qui s'offrent à elle comme moyens de son évolution personnelle. Or, il semblerait que cette incommensurabilité n'ait pas besoin pour l'individu d'entrer dans la pratique, puisqu'il laisse de côté ce que son évolution spécifique ne peut pas assimiler. Mais cela n'est pas si facile. Cette réserve d'esprit objectif, se développant à l'infini, pose des exigences au sujet, éveille des velléités en lui, l'accable du sentiment de sa propre insuffisance et de sa propre impuissance, l'intrique dans des relations d'ensemble, à la totalité desquelles il ne peut se soustraire, même s'il n'est pas capable d'en maîtriser les contenus particuliers. Ainsi naît la situation problématique, si caractéristique de l'homme moderne : ce sentiment d'être entouré d'une multitude d'éléments culturels, qui, sans être dépourvus de signification pour lui, ne sont pas non plus, au fond, signifiants; éléments qui, en masse, ont quelque chose d'accablant, car il ne peut pas les assimiler intérieurement tous en particulier, ni non plus les refuser purement et simplement, parce qu'ils entrent pour ainsi dire potentiellement dans la sphère de son évolution culturelle. Pour caractériser cela, on pourrait retourner mot pour mot la formule qui désignait les anciens franciscains dans leur bienheureuse pauvreté, leur absolu détachement de toutes choses qui voulaient encore détourner l'âme de son droit chemin en l'attirant dans une voie passant par elles-mêmes : *nihil habentes, omnia possidentes* – au lieu de cela, les êtres humains de cultures riches et encombrées sont : *omnia habentes, nihil possidentes*. »

LA CIVILISATION COMME TRAGÉDIE
DE LA CULTURE ?

Dans *Le concept et la tragédie de la culture*, Georg Simmel pointe le risque de « discrépance » – de décalage et de distorsion – qui guette toute culture : en reprenant des analyses très fortement inspirées de Hegel, il insiste sur le caractère périlleux de l'objectivation de soi qui est au fondement de toute vie culturelle. Mais il met également au jour un second risque de « discrépance » propre à la civilisation post-moderne, qui renforce le premier et en même temps vient totalement le galvauder, en soumettant l'homme à une multitude d'objets « fonctionnels » qui, tout en témoignant de trouvailles techniques sophistiquées, signent notre assujettissement au règne futile des gadgets.

L'homme ne s'accomplit culturellement que par un travail d'objectivation de soi (*Entfremdung*) et le résultat de cette opération est l'œuvre. L'individu substitue au donné immédiat une réalité qui est le fruit de l'objectivation culturelle de soi et qui permet d'affirmer sa personnalité : « L'individu ne peut savoir ce qu'il est avant de s'être porté, à travers l'opération, à la réalité effective » écrit Hegel[1]. L'œuvre culturelle est l'expression authentique de l'individualité réelle en soi et pour soi : la « Chose même » (*die Sache selbst*) est, pour Hegel, la compénétration devenue objective de l'individualité et de l'objectivité même. Plus l'objet devient spirituel, plus il s'éclaire pour la conscience de soi qui s'y retrouve elle-même. Dans l'opération de la culture, la conscience de soi donne une forme à la matière qu'elle se réapproprie alors comme sienne. Il en va ainsi de toutes les créations de l'homme aussi bien matérielles qu'institutionnelles propres à une civilisation. Ces œuvres culturelles sont la condition même de l'objectivation de soi dans un monde humain. Un premier comportement barbare consiste précisément à détruire les œuvres de l'homme, afin de détruire leur civilisation. Mais toute œuvre culturelle peut receler en elle-même une part d'opacité et apparaître étrangère aux hommes qui en sont pourtant les auteurs. C'est ici que Georg Simmel pointe cette source d'aliénation toujours possible : « L'esprit engendre d'innombrables productions qui continuent d'exister dans leur autonomie spécifique, indépendamment de l'âme qui les a créées, comme de toute autre qui les accueille ou les refuse »[2]. La culture est définie ici comme « l'âme en route vers soi », mais les œuvres sont alors autant de médiations, de « stations » qui peuvent aussi s'ériger en obstacles. C'est dans la forme même de la cristallisation que l'esprit – devenu ainsi objet – s'oppose au flux de la vie qui s'écoule, au travail même de la *praxis* comme exercice sur soi. Simmel défend l'hypothèse d'une tragédie de la culture. Simmel parle alors de « discrépance » : « Il se

---

1. Dans la *Phénoménologie de l'esprit*, Hegel définit les hommes comme étant des « animaux intellectuels » : « *Das geistige Tierreich* », trad. J. Hyppolite, Paris, Aubier Montaigne, I, p. 324.

2. G. Simmel, *La tragédie de la culture*, Paris, Rivages poche, 1988, p. 179.

produit, à l'intérieur même de cette structure de la culture, une faille, sans doute déjà présente dans son fondement, et qui fait que la synthèse sujet/objet – la signification métaphysique de ce concept de culture – se mue en paradoxe, voire en tragédie »[1]. La dimension dramatique de la *poiésis* humaine se mue en tragédie. Or, la civilisation se caractérise par une croissance exponentielle des productions humaines. Certes, tout être humain inscrit nécessairement son existence dans une « courbe téléologique », en tant qu'il est animé par des projets : « Notre relation au monde se présente pour ainsi dire comme une courbe qui va du sujet à l'objet, incluant ce dernier pour revenir au sujet »[2]. Mais la courbe téléologique peut être déviée à la fois quand l'homme ne se reconnaît plus dans les œuvres culturelles accomplies – comme c'est la cas d'un édifice construit qui se révèle finalement impropre à l'habitation humaine[3] –, mais aussi quand la multiplication des productions superfétatoires vient faire obstacle à tout accomplissement possible de soi. Il est désormais fréquent que le flux des sujets aux sujets en passant par les objets, dans lequel une relation métaphysique entre sujet et objet devient réalité historique, s'interrompe : l'objet peut se départir de sa signification de médiateur et couper ainsi les ponts par où passait le chemin de la culture. Ainsi Simmel dénonce, dans la civilisation, la débauche accablante d'innovations qui voue l'homme à s'ébahir devant la fonctionnalité des gadgets : comme le dit Simmel, loin de favoriser la courbe téléologique, cette pléthore de productions toujours plus sophistiquées ne trace plus que « *la tangente* de l'orbite où elles pourraient réintégrer

---

1. G. Simmel, *La tragédie de la culture*, *op. cit.*, p. 200.
2. G. Simmel, *Philosophie de l'argent*, Paris, P.U.F., 1999, p. 237.
3. Sur la tension entre « amélioration » et « habitation », *cf.* K. Polanyi, *La Grande transformation*, chap. 3, Paris, Gallimard, 1983.

l'évolution culturelle de l'être vivant». Quand elle prend la tangente au lieu d'accomplir une courbe téléologique, la culture se mue en divertissement. Simmel note par ailleurs que «l'évolution culturelle mène à un allongement des séries téléologiques pour ce qui est objectivement proche, et à leur raccourcissement pour ce qui est objectivement lointain»[1]. Nous sommes devenus capables de raccourcir des distances qui pouvaient sembler infranchissables; inversement, nos échanges les plus simples sont devenus tributaires de «machines» qui sont techniquement de plus en plus perfectionnées et en même temps compliquent la communication humaine. Notre vie quotidienne elle-même est devenue dépendante d'objets techniques qui ôtent toute intimité et font obstacle à des dialogues authentiques. La prolifération d'innovations plus ou moins raffinées entretient un sentiment de frustration, comme si la civilisation post-moderne s'évertuait aveuglément à tourner le dos à tout accomplissement culturel de l'homme. Simmel résume son analyse, à propos de la «grande entreprise de l'esprit»: «Il lui faut payer cet accomplissement de soi par le risque tragique de voir s'engendrer, dans l'autonomie du monde créé par lui et qui en est la condition, une logique et une dynamique détournant, à une rapidité toujours accélérée et à une distance toujours plus grande, les contenus de la culture de la finalité même de la culture»[2]. Plus précisément, pour Simmel, la civilisation risque de ne plus être qu'une culture ayant perdu sa finalité, c'est-à-dire son âme.

Certes, Cassirer s'oppose à cette conception pessimiste du rôle de la civilisation[3] et précise, en pointant le premier type de

1. G. Simmel, *Philosophie de l'argent, op. cit.*, p. 241.

2. *Ibid.*, p. 216-217.

3. E. Cassirer, *Logique des sciences de la culture*, 5ᵉ étude, Paris, Le Cerf, 1991, p. 195-223.

discrépance : « Cette solidification que la vie expérimente dans les diverses formes de culture – langue, religion, art – constitue par la suite non pas simplement le contraire de ce que le *je*, de par sa propre nature, est en droit d'exiger, mais bien le *présupposé* nécessaire pour qu'il découvre et comprenne sa propre essentialité ». Les vrais chefs d'œuvre de la culture ne sont jamais pour nous quelque chose de simplement figé, pétrifié, voué à inhiber par cette rigidité le libre mouvement de l'esprit. Ils n'ont pour nous de contenu que parce qu'ils sont sans cesse de nouveau assimilés et donc constamment recréés. Il n'existe donc jamais de pure réception passive : « Celui qui reçoit n'accepte pas le don comme s'il s'agissait d'une monnaie frappée. Il ne peut recevoir ce don qu'en l'utilisant et ce faisant il lui donne une nouvelle empreinte. Ainsi l'enseignant et l'enseigné, les parents et les enfants, ne parlent jamais strictement la "même" langue ». Pour Cassirer, parler de tragédie de la culture est une imposture : « Le mouvement créateur de l'esprit semble se forger dans les œuvres qu'il tire de lui même. Car tout ce qui a été créé est conduit, de par sa nature, à refuser de faire place à toute nouveauté qui veut naître et grandir. Mais lorsque ce mouvement se heurte à ses propres œuvres, il ne s'y brise cependant pas. Il se voit seulement astreint, poussé par un nouvel effort qui l'amène à découvrir des forces nouvelles et inconnues » [1].

Pourtant, comme le remarque Simmel, l'œuvre culturelle tend à être aujourd'hui dégradée en simple produit consommable. Dans sa conférence éponyme *La crise de la culture*, Arendt critique aussi la confusion entre la culture et les loisirs qui relèvent du grand cycle de la vie : « La culture concerne les objets et est un phénomène du monde ; le loisir concerne les

---

1. E. Cassirer, *Logique des sciences de la culture*, *op. cit.*, p. 219.

gens et est un phénomène de la vie. Un objet est culturel selon la durée de sa permanence [...] La vie est indifférente à la choséité de l'objet »[1]. Dans la société de masse, « Tout se passe comme si le vie elle-même sortait de ses limites pour se servir de choses qui n'ont jamais été faites pour cela. Le résultat est non pas, bien sûr une culture de masse qui, à proprement parler n'existe pas, mais un loisir de masse, qui se nourrit des objets culturels du monde ». L'œuvre culturelle conçue *a priori* pour bâtir un monde est désormais soumise au cycle vorace de la production-consommation. Simmel lui-même revient sur la dérive de la fonction de l'argent : « L'argent devenu fin en soi ne laisse même pas les biens qui par nature sont étrangers à l'économie exister à titre de valeurs coordonnées, en soi définitives ; non seulement il vient se placer, comme autre finalité de l'existence, au même rang que la sagesse et que l'art, que l'importance et la force personnelle, et même que la beauté et l'amour mais, de plus, ce faisant, il acquiert la force de ravaler ces derniers au rang de moyens à son service »[2]. C'est pourquoi, nous pouvons avec lui tout avoir, mais être dépossédés de nous-mêmes.

Ainsi, le devenir réflexif de la civilisation ne peut fondamentalement que s'opposer à la simple logique économique : celle-ci galvaude, voire détruit la fonction symbolique. Le dépli du sens n'est en aucune façon une certitude incontestable : il est, au contraire, la tâche propre d'une vraie civilisation. Il n'a pas l'innocence de la vie organique, mais relève, pour l'homme, de l'expérience incessible d'une prise de conscience, au travers des formes symboliques à sa disposition.

1. H. Arendt, *La Crise de la culture*, Paris, Idées-Gallimard, 1972, p. 266.
2. G. Simmel, *Philosophie de l'argent*, *op. cit.*, p. 287-288.

également particulières vient de nouveau à notre rencontre au moment historique où l'Occident découvre la survivance de ces autres visions du monde et de la société, non seulement dans le champ des études de civilisations qu'il a initiées (et c'est tout à son honneur), et pas non plus seulement sous la forme de la résistance qu'elles opposent à sa propre expansion, mais à travers sa propre expérience de l'aporie que comportait sa foi illimitée dans le Progrès, compris désormais comme la capacité humaine de disposer librement de tout et donc de transformer le monde indéfiniment et sans mesure en vue de notre propre satisfaction : ainsi l'Occident fait désormais l'expérience de sa propre *hybris*! Cela amène l'Occident à redécouvrir une sagesse qui ne l'avait jamais vraiment quitté, même si cette sagesse avait largement déserté sa philosophie et sa science (pour ne pas parler de son économie et de sa technique) pour se réfugier dans ses proverbes populaires ou chez ses mystiques, parfois dans son art. En s'assurant la possession et la domination du monde, l'Occident s'est donc aussi perdu lui-même.

Ainsi, la conscience métaphysique de l'altérité du monde finit par découvrir la nécessité d'une reconnaissance de la multiplicité des formes civilisationnelles à travers lesquelles le rapport universel à cette altérité a jusqu'ici été conçu, façonné et développé, chaque fois de manière contingente puisque toutes ces formes ont elles-mêmes été créées, développées, mûries et approfondies dans la contingence de l'histoire. Or ces formes « autres » du sens, ces autres registres sur lesquels a été fixé l'ordre des valeurs transcendantes (ou gravées les « tables de la Loi »!) n'ont pas été dissoutes sur l'ensemble de la planète dans l'individualisme universaliste abstrait dans lequel l'Occident a voulu voir son aboutissement (sans jamais s'y résoudre entièrement) : elles n'ont pas été entièrement submergées par l'efficace immédiat des logiques opérationnelles du capitalisme spéculatif et par les déploiements technologiques qui lui répondaient. Il existe encore par exemple une civilisation hindoue qui est extraordinairement diversifiée en elle-même, et qui participe *grosso modo* d'un certain esprit métaphysique ayant gagné sa créance philosophique et sociologique en se développant de manière persévérante durant trois ou quatre millénaires, à travers tous les aléas historiques des sociétés qui se sont successivement inspirées d'elle ou qui, après avoir étendu sur l'Inde leur conquête, ont fini par se fondre en elle. Il y a des civilisations chinoises et japonaises d'égale profondeur historique, qui se sont redynamisées au contact de l'Occident en se redéployant dans les dimensions que celui-ci avait lui-même privilégiées en les imposant : et si, sous cet aspect, elles participent maintenant de la crise mondiale de ce système, il se pourrait fort qu'elle réagissent à cette crise d'une façon qui leur sera spécifique et dans lesquelles elles feront revivre leur propre passé, leur propre sensibilité, leurs propres valeurs, leurs propres savoirs sur le monde et la société, leurs propres manières de lier la théorie et la pratique. Il existe des civilisations d'Afrique noire qui ont des affinités très profondes entre elles, malgré toute la dispersion sociale et politique qui a prévalu sur ce continent. Il y a aussi une civilisation islamique, qui à travers les Arabes (mais elle n'est pas seulement arabe !) fut depuis longtemps la concurrente la plus proche et la plus directe de celle d'Occident, et dont l'*aggiornamento* actuel est particulièrement déchiré et déchirant. Et on pourrait se référer encore à une tournure civilisationnelle latino-américaine marquée par l'indianité précolombienne des empires de la Méso-Amérique qui ont pourtant été anéantis, et dont les populations furent plus que décimées. Et finalement, grâce au travail des anthropologues, mais aussi grâce à leur survie précaire parmi «nous», nous connaissons assez bien les formes d'expérience humaine cohérentes ou totalisantes que portaient en elles les sociétés dites « primitives » ou sans l'institution du pouvoir, comme en témoigne la présence persistante en Amérique du Nord des nations autochtones qui n'avaient pas toujours de rapports étroits les unes avec les autres, mais qui manifestent si profondément une manière commune de percevoir et de concevoir l'homme, la vie, le monde et leurs liens. Tout cela n'a pas encore disparu et imbibe toujours l'âme et le corps de l'humanité contemporaine d'une grande diversité dans les formes profondes de l'expérience du monde commun, et cette diversité n'est pas un assemblage ou une dispersion arbitraire parce que chaque partie participante de l'humanité y est enracinée dans une histoire propre, à travers laquelle une forme synthétique particulière de cohésion collective, à la fois matérielle (ou pratique) et symbolique, intégrant tous les aspects de la vie sociale, s'est instituée et transmise au cours des siècles et des millénaires. Tout cela est resté présent, tout cela devra être représenté dans la construction des formes politiques qui assumeront la responsabilité d'organiser un vivre-ensemble devenu planétaire, et surtout qui devront être capables d'orienter de manière raisonnable la recherche d'une prospérité commune dans les conditions devenus étroites et précaires de notre habitat planétaire. L'*oikos* est devenu l'*oikouméne*, et il y a toute une « oikonomie » concrète à réinventer et à faire prévaloir au niveau mondial.

Or, la forme politique de l'État « national », qui est une invention occidentale, correspond mal à la représentation de cette réalité civilisationnelle multiple dont les racines sont beaucoup plus profondes et aussi plus larges que tous les États contemporains, à l'exception peut-être de la Chine ou encore, de manière plus relative, de l'Inde, puisque les autres « grandes civilisations » dont la naissance est aussi ancienne ont disparu ou sont devenues méconnaissables à travers les métamorphoses qu'elles ont subies, et qu'elles ne façonnent plus directement l'identité des peuples qui sont peut-être encore marqués par leur héritage.

Par-delà la représentation des individus dans les instances politiques et législatives de l'État, et à travers elles, il s'agit d'imaginer aujourd'hui que d'autres formes de participation politique représentative pourraient être reconnues comme légitimes sans prétendre à une validité ou à une souveraineté universelle ni dans leur forme, ni dans leur extension. Il y a donc à inventer de nouvelles institutions politiques dans lesquelles seraient représentées d'autres manières de réaliser l'inscription symbolique et la participation sociale, d'autres modalités de la possession de droits et de l'assignation d'obligations, d'autres manières d'assumer une responsabilité collective, d'autres façons enfin de développer des idéaux de vie moraux et esthétiques, qui ne soient pas toutes centrées exclusivement sur l'individu et ne prétendent pas toutes à l'universalité! Et je voudrais encore ajouter une chose. Ce qu'il s'agit de reconnaître, ce ne sont pas ces diverses teintes civilisationnelles dont sont encore marqués, sans doute pour longtemps encore, les habitants de notre planète, des teintes qui se réduiraient à des vestiges culturels purement empiriques comme il y en a toujours eu, comme il y en aura toujours, et comme il s'en formera continuellement de nouveaux, peut-être plus nombreux et plus nuancés que jamais. Ce qui est en cause, c'est la reconnaissance du caractère *synthétique et intégrateur* des diverses civilisations, ainsi que les dynamismes autonomes qui les animent, et c'est à une telle reconnaissance que doit être donnée une forme politique.

Dans *Dialectique et société*, Freitag distingue trois modes de reproduction des rapports sociaux : le mode « culturel-symbolique » qui caractérise surtout les sociétés traditionnelles ; le mode « politico-institutionnel » qui correspond spécifiquement aux sociétés modernes ; le mode « opérationnel-décisionnel » qui domine exclusivement les sociétés post-modernes. Dans le premier cas, le lien social ne relève pas d'abord de la contrainte, mais de la signification symbolique que les hommes mettent dans leurs actes. Il s'agit ici d'un socle ontologique fondamental pour toute socialité humaine. La culture apparaît bien comme le ciment social d'êtres humains toujours en « dette de sens ». Elle projette sur les rapports sociaux un tissu de significations partagées qui à la fois favorise un profond consensus, mais inhibe toute distanciation critique. En revanche, le mode de reproduction « politico-institutionnel » s'impose lorsque les conflits structurels de la société humaine ne peuvent plus être contenus et que « l'insociable sociabilité » de l'homme s'impose comme principe dynamique des sociétés. Dès lors, la régulation des rapports sociaux ne peut plus se faire par la simple médiation de la norme culturelle intériorisée, mais par celle d'une loi imposée et sanctionnée de l'extérieur par un pouvoir d'État. Les individus sont ici à la fois reconnus comme étant plus libres, mais aussi soumis à une contrainte externe qui s'articule sur la logique de puissance de l'État et sur la rationalisation des conduites régies par le droit positif. Quant au troisième mode de régulation de type « opérationnel-décisionnel », il correspond au triomphe de l'utilitarisme fonctionnel qui réduit les rapports sociaux à la soumission aux critères d'efficacité, par le recours à des procédures, des dispositifs de canalisation et de standardisation des comportements, par la priorité accordée à une gestion opérationnelle qui mise sur le déclenchement de réactions prévisibles et fonctionnelles. Toutes les pratiques sont alors soumises à cette entreprise de contrôle et d'optimisation, au détriment des valeurs symboliques et des statuts juridiques. L'économisme généralisé et le technocratisme apparaissent alors comme les moteurs de cette entreprise de désymbolisation.

Pour contrecarrer cette tendance lourde de notre histoire contemporaine, Freitag formule les trois grands axes d'une politique de civilisation [1] : une « éthique de la responsabilité », une « ontologie de la normativité » et une « esthétique de l'identité ». Le refoulement de tout encadrement normatif, qu'il soit de nature culturelle ou juridico-politique, accentue le défi que nous lancent les puissances libérées par l'homme postmoderne, qu'elles soient économiques, techniques ou l'expression de l'exacerbation du désir narcissique de chacun. Mais l'exigence de responsabilité que formule Freitag est plus proche de l'éthique de la responsabilité formulée par Max Weber [2] que du principe responsabilité défendu par Hans Jonas [3]. Car ce dernier suspend son projet normatif à une heuristique de la peur qui ne peut que fonder négativement le souci de responsabilisation de l'homme vis-à-vis des générations futures. La peur ne peut constituer une source suffisante de mobilisation et la vertu politique par excellence est plutôt le courage. En outre, il s'agit également de dépasser le normativisme abstrait. Car la modernité a entretenu l'idée tout à fait contestable d'un hiatus entre le fait et la valeur, entre l'être et le devoir-être. Le souci de la normativité n'est pas l'apanage

1. Ces axes ont été particulièrement bien répertoriés par Yves Bonny, cf. *Introduction à l'ouvrage de Michel Freitag* : L'oubli de la société, P.U. de Rennes, 2002, p. 36-39.

2. Max Weber, *Le Savant et le politique*, Paris, 10/18, 1963, p. 183.

3. H. Jonas, *Le Principe responsabilité*, Paris, Le Cerf, 1995.

exclusif d'une subjectivité supra-mondaine: il habite le monde lui-même et taraude tout être vivant. Freitag renoue avec les analyses de Georges Canguilhem qui affirmait: « La vie est polarité et par là position inconsciente de valeur »[1]. La vie elle-même fait la distinction entre le normal et le pathologique: c'est elle et non le jugement médical qui fait du normal biologique un concept de valeur et non un être de raison qui ne renverrait qu'à une réalité statistique. Mais c'est le positivisme qui a exploité outrageusement la prétendue opposition entre les faits et les valeurs, en justifiant par là la possibilité d'une manipulation purement utilitaire du monde qui nous entoure et en légitimant le technocratisme. A l'inverse, la reconnaissance d'une ontologie des normes et des valeurs conduit alors à la réhabilitation d'une esthétique: « Dans la forme particulière de chaque être vivant s'est accomplie une expression déterminée de la solidarité et de l'interdépendance qui relient tous les êtres vivants entre eux dans la "biosphère", c'est-à-dire dans ce que j'ai, d'un point de vue existentiel, appelé ici le "monde". A l'existence même du "monde des formes" préside ainsi un principe d'"harmonie" qui se manifeste lui-même dans les formes et leurs correspondances »[2]. Cette esthétique transcendantale requiert d'abord la réconciliation de l'entendement abstrait avec la sensibilité.

Si ce sentiment commun de l'universel concret s'enracine dans une attention portée aux formes multiples du vivant, il doit s'élever jusqu'au respect des civilisations qui apparaissent comme de grandes formations symboliques synthétiques, concrétisant à la fois l'identité de l'humanité et sa diversité. Les civilisations apparaissent donc bien comme les points de

---

1. G. Canguilhem, *Le Normal et le pathologique*, Paris, P.U.F., 1979, p. 77.
2. M. Freitag, *Le Naufrage de l'Université*, *op. cit.*, p. 257.

résistance collective qui peuvent faire échec à la globalisation,
quand celle-ci équivaut plutôt à une démondéisation de
l'homme. Car la globalisation qui prétend homogénéiser
l'humanité tend à dissoudre toutes ses composantes collectives que sont les diverses sociétés, cultures et civilisations pour
ne laisser subsister que des individus engoncés dans un égo-
centrisme désocialisé. Une politique de civilisation digne
de cet enjeu apparaît donc nécessaire et correspond à une
conscience plus réfléchie et plus large que la simple reven-
dication d'une appartenance culturelle : « La réflexivité inhérente au politique est par nature plus réfléchie en son caractère
à la fois condensé, unifiant et hiérarchique alors que celle
qui traverse ou imbibe la culture est beaucoup plus diffuse
ou dispersée »[1]. Mais cette politique opère également un
changement d'échelle par rapport aux limites des Etats-
nations. Son souci fondamental est de veiller à la sauvegarde
de la « nature anthropologique » des êtres humains, à la permanence du monde dans lequel ils se sont épanouis comme tels, et
à la promotion de leurs capacités à déployer et à faire partager
les différentes significations qu'ils accordent à leur existence.
Toute civilisation présente une envergure symbolique qui
transcende les modèles décisionnels-opérationnels et réin-
vestit le sens du commun, du partage, de l'interdépendance
et de l'intercompréhension. Il s'agit donc de contribuer à
élaborer de nouvelles institutions mondiales qui soient capables de répondre aux exigences de sens, en représentant les
styles civilisationnels. Les réalités civilisationnelles sont
certes plus diffuses que les États, mais plus profondes et plus
effectives qu'eux dans la formation et la transmission de la vie
sociosymbolique qui caractérise l'humanité : elles devraient

1. M. Freitag, *L'impasse de la globalisation*, *op. cit.*, p. 291.

donc être représentées dans les différentes instances internationales et pouvoir être reconnues comme des autorités à part entière. Car ces réalités civilisationnelles perdurent depuis des siècles et sont autant de données constitutives de notre condition anthropologique, mais elles n'apparaissent pas aujourd'hui suffisamment prise en compte : « La vraie richesse de l'humanité, ce n'est pas sa capacité de production économique et technologique, c'est sa capacité de produire du sens, de convertir en sens commun l'expérience toujours particulière de vivre. Or, la vie elle-même, le sens n'est Un qu'à travers le multiple » [1]. Pour ne pas inhiber cette créativité dans la mise en forme symbolique de la vie humaine, cette politique doit avoir pour finalité première de garantir le respect des différentes civilisations, puisqu'elles sont toutes l'expression singulière d'une universelle fonction symbolique.

En un mot, ce n'est qu'avec une politique de civilisation que les hommes peuvent espérer se réapproprier leur destin et cette réappropriation correspond au sens profond d'*oikou-méne* qui désigne d'abord le fait d'habiter le monde, mais aussi de se familiariser avec des façons autres que la nôtre d'être-au-monde, en permettant ainsi de préserver, dans la durée, la créativité de la fonction symbolique propre à l'espèce humaine. Car chaque civilisation doit son originalité à la mise en forme symbolique d'une expérience de vie partagée – jusqu'à un certain seuil – par une multitude d'hommes, constituant ainsi l'ensemble le plus vaste possible pour éprouver un sentiment d'identité différenciée du genre humain.

---

1. M. Freitag, *L'impasse de la globalisation*, *op. cit.*, p. 342.

TABLE DES MATIÈRES

TEXTES ET COMMENTAIRES

Imprimerie de la manutention à Mayenne (France) - Septembre 2012 - N° 955228U

Dépot légal : 3ᵉ trimestre 2012